中华血脉——长城文学艺术

长城

小说

王杰彦 编著

燕山大学出版社

2019·秦皇岛

图书在版编目（CIP）数据

长城小说 / 王杰彦编著. —2 版. —秦皇岛：燕山大学出版社，2019. 4
（中华血脉 • 长城文学艺术）
ISBN 978-7-81142-783-7

Ⅰ. ①长… Ⅱ. ①卫… Ⅲ. ①小说集—中国—当代 Ⅳ. ① I247

中国版本图书馆 CIP 数据核字（2019）第 047829 号

长城小说

王杰彦 编著

出 版 人：陈　玉
总 策 划：陈　玉
策划编辑：裴立超　杨春茹　唐　雷　　版式设计：赵中极
责任编辑：朱红波　王海平　孙志强　　美术统筹：吴　波
出版发行：燕山大学出版社 YANSHAN UNIVERSITY PRESS
地　　址：河北省秦皇岛市河北大街西段 438 号
邮政编码：066004
电　　话：0335-8387555
印　　刷：秦皇岛墨缘彩印有限公司
经　　销：全国新华书店

开　　本：889mm×1194mm 1/16　　印　　张：11　　字　　数：276 千字
版　　次：2019 年 4 月第 2 版　　印　　次：2019 年 4 月第 1 次印刷
书　　号：ISBN 978-7-81142-783-7
定　　价：88.00 元

出版者语

今天中国对世界的影响绝不仅仅体现在经济方面，更重要的还有秉持源自一种悠久伟大文明的自信，致力于构建未来的梦想和雄心。越是接近世界舞台的中央，中国人越是迫切希望向宏大而深远的中国历史文化寻求精神养分，思考从哪里来，向何处去。

中国历史文化的典型象征——长城，像一条世代绵延的根脉，贯穿在炎黄后裔的血管中，它以世界体量最大的文物遗址隐喻着文明认同感、国家归属感以及对统一的执着，成为中国历史与观念的活生生的例证，历千百年仍然与当代华夏子孙息息相关。

长城与统一的、多民族的文明中国几乎同时诞生，见证了中华文明的延续性。两千多年，中国人始终生活在大体一致的稳定疆域内，纵然历尽波折，文明却持续至今。秦汉以降波澜壮阔的中国历史进程中，绵亘在中国北方大地上的长城从未缺席，它以拒绝征服但从不拒绝交流的庄严姿态，保卫和平，保护文明，勾勒出民族的地理和心理防线。“上下二千年，纵横十万里”的中国长城，被公认为人类社会现存最为宏伟的历史文化遗产。长城的壮美形象，早已被视为中国的象征；长城所代表的文明，堪称华夏子孙共有的“胎记”；以长城为主题、为符号的文学艺术，成为独一无二的千古绝唱。

我们策划出版这套《中华血脉——长城文学艺术》图书的初衷，就在于希望让更多读者共同响应长城深厚历史文化魅力的感召。

长城作为一个宏大工程，举世绝无仅有，显示着人的本质力量。中国长城始建于2500年前的春秋战国时期，起初是各诸侯国在各自领地上修筑的军事防御工程，秦始皇于公元前221年统一中国后，拆除了六国互防长城，并号令大将军蒙恬“将三十万众，北逐戎狄，收河南，筑长城，因地形，用险制塞，起临洮，至辽东，延袤万余里”（《史记•蒙恬列传》）。从此诞生了中国历史上第一条万里长城，它是在原秦国、赵国及燕国的北方长城的基础上扩充修筑的，目的和作用是防御匈奴和东胡少数民族奴隶主率众南掠。从此以后，汉族统治者建立的汉朝、隋朝和明朝，以及其他入主中原的少数民族统治者建立的北魏、北齐、北周及辽、金各朝，都曾大规模地修筑或增建过长城，其中，汉朝的长城、亭障、烽燧长达两万里，明朝万里长城则至今仍向世界展示着中国长城的壮美风貌与中国长城防御工程技术的最高水平。长城专家做过的粗略统计表明，中国各朝代修筑长城的总长度当在10万里以上，若用修筑长城的砖、石、土来修筑一道高5米、厚1米的大墙，那么这道大墙可环绕地球十几圈。不仅如此，长城严密的军事防御布局，“因地形，用险制塞”的科学设防，烽火相望、顷刻千里的报警联络系统，因地制宜、就地取材的多种建筑材料，多样结构与艺术的营造方法，以及亿万人民历经千百年付出的艰巨劳动和无数牺牲，无不令人惊叹。

长城作为一个艺术宝库，孕育了无数壮丽优美的诗篇，产生了无数动人心弦的故事；长城身上凝结着中国历代各族人民的智慧，是联结中华各民族的神圣纽带，雄辩地展现了中国多民族形成发展的历史进展……可以说，长城像一部中国两千多年文明史的百科全书，包蕴着众多的已知和未知的内容。

长城作为历史遗迹所言说的文明进程，极大地开阔了文学艺术的历史视野，形成了千百年相对统一的总主题——爱国主义和人文精神，凝练了相对稳定的总风格——悲壮与豪迈。

自万里长城构筑的那天起，反映在文化上的格调便是无比的悲壮："生男慎勿举，生女哺用脯。不见长城下，尸骸相支拄。"这是秦朝的歌谣，据《汉书》："长城之歌，至今不绝"，这首歌谣在300年后的文人诗中又得到了反映，东汉末建安诗人陈琳在那首著名的《饮马长城窟行》一诗中再次唱道"生男慎莫举，生女哺用脯。君不见长城下，死人骸骨相撑拄"。此后，不仅是长城诗文创作方面有此一脉相承的传统，而且以最为深入人心地流传了千余年的孟姜女民间故事为内容的诗歌、曲艺、戏剧、传说、民间艺术以及近现代的电影、歌曲等，也都显现了这种悲壮。催人泪下的孟姜女的故事有许多种，但都保留有"千里送寒衣"和"哭长城"的情节。有人把这种悲壮视为人民对长城的否定，这无疑是失之肤浅的。其实，正是这种悲壮，深刻地揭示和反映了两千多年来中华民族在修筑长城时所付出的举世无双的牺牲。

《汉书》记载："遣蒙恬，筑长城，东西数千里，暴兵露师，常数十万，死者不可胜数，僵尸盈野，流血千里。"《淮南子·人间训》记叙："秦发卒五十万，使蒙公杨翁子将筑修城……道路死者以沟量。"《隋书》也记载，隋炀帝大业三年(607年)"发丁男百余万筑长城，西至榆林，东至紫河，一旬而罢，死者十五六"。历代封建王朝(包括少数民族建立的王朝)修筑长城时的死亡人数，是多得无法计算的。唐末诗人贯休和尚讲"筑人筑土一万里"，并非夸大之词。

正因为如此，长城筑造者的子孙后代才对长城永远怀有一种发自心灵深处、带着遥远记忆的尊崇情感。这种情感，正是凝聚长城文化总主题的源泉，它像地火，平时在大地深处静静流淌，默默沉蓄，一旦到了关系国家民族生死存亡的关键时刻(比如全民族的抗日战争)，它就会爆发、冲腾，形成燎原烈火，呼唤着每个有热血的中国人，"把我们的血肉，筑成我们新的长城"，去保卫家园，保卫国土，保卫光荣神圣的中华民族，激发出最强烈的爱国主义情绪，干出惊天地、泣鬼神的英雄业绩。

尽管历史上人们对长城的国防作用有兴有怨，但这恰恰从正反两面强调了长城文化的总主题：一个方面，肯定正义，反对侵略，向往和平；另一个方面，批判暴政，颂扬德政，赞美生命。两者统一于那雄浑绵长、厚德载物的中华人文精神。这我们可以从两位唐朝诗人的针锋相对的同题诗中窥见一斑，一首是汪遵写的《长城》："秦筑长城比铁牢，蕃戎不敢过临洮。虽然万里连云际，争及尧阶三尺高。"另一首是褚载的《长城》："秦筑长城比铁牢，蕃戎不敢过临洮。焉知万里连云际，不及尧阶三尺高？"

"中国最伟大的美术，最壮丽的美，莫过于长城。"现代美学家、诗人宗白华翻译了19世纪德国考古学家希里曼1863年发表的《我到长城的旅行》一文，文中说："我曾经从爪哇岛火山的高峰上，从加利福尼亚的西拉利瓦达的山顶上，从印度喜马拉雅山的顶上，从南美洲的哥地乃的高原上见到过闳丽壮伟的景象，但是永远不能和我现在眼前展开的这一幅美丽奇伟的画幅相比拟。……长城不可争辩地是人类的双手所创造的最奇伟的作品。它是过去的伟大所留的纪念碑。"

长城之所以壮美，源于它使人回望宏阔历史，源于它是千万人所集体创造的美，它唤起人们对故国祖先的思念，关乎民族的自我激励，传承壮阔豪迈的中国性格。

长城所负载的历史信息既有鲜明的民族特性，又深深植根于人类追求真善美的共性厚土之中。正如1964年国际古迹遗址理事会通过的《威尼斯宪章》指出的那样："人们越来越意识到人类价值的统一性。"长城的文化价值正在被国际上越来越多的人所认识、理解和认同。

我们这套《中华血脉——长城文学艺术》所称的长城文学艺术，是指以长城为题材、主题或主要意象而创作的文学艺术作品。这套图书的作者们秉持虔诚的态度，从汗牛充栋的长城文学艺术作品中展开搜集、汇编、整理、评介，呈现在读者面前的目前是四个分册，它们是《长城诗歌》《长城传说》《长城戏曲》《长城小说》。它们将长城作为一条红线，借助文学艺术的不同形式，从四个不同角度引导读者领略文学艺术之美，再现中国历史的风云际会。

我们怀拳拳之意，唯愿以此书之名结交书友。凡书中引介的作品，我们均标明了作者与来源；使用的历史资料图片基本来自公共资源；使用的当代摄影作品除已获作者许可及已加标注的以外，或有一二作品因条件所限未能逐一溯及准确信息，如蒙见教，我们愿尽己义务，志诚以待。

谨以此书，致敬启示人们从历史中重生的悠悠长城！

序

长城不仅是人类创造的伟大建筑奇迹，而且与中国统一的、多民族国家的形成和中华文明的延续有着至关重要的密切联系，它已成为中华民族的象征、中华民族精神的象征。自1984年邓小平、习仲勋等老一辈领导人发出“爱我中华、修我长城”的号召三十多年来，以中国长城学会为龙头的专门组织和广大长城研究者开展了艰苦的长城研究，为保护长城、宣传长城提供了重要的支持，一批成果的公开出版更成为传播长城文化、弘扬以长城为象征的民族精神、凝聚中华民族伟大复兴力量的重要途径。

燕山大学出版社这套《中华血脉——长城文学艺术》图书颇具规模，比较全面地收集、整理、汇编、介绍了自长城修筑至今大约2000年来我国历代人民以长城为主题或意象创作出来的各类文学艺术作品，涵盖了诗歌、传说、戏曲、小说、美术等丰富的体裁门类。因其全面，足以使普通读者乃至专门研究长城的人读后对长城所衍生的文学艺术精华尽观全豹。这是此套书的第一个优点。

生动可读是这套书的第二个突出优点，全书行文、排版明白晓畅，引人兴味，足以令过去不了解这些的人们一经捧起便手不释卷，一览为快，从此爱上长城的历史和文化，从此成为保护长城、传承长城文化的同路人。这在长城题材图书中是别具一格、比较鲜见的。

另外，这套书的编著者大多同时也是刚刚出版的迄今为止唯一综合大型长城志书《中国长城志》中“文学艺术卷”的主要编著者，他们的专业程度在国内首屈一指。

因此，这套图书具有不可替代的重要出版价值，为长城文学艺术搭起了传播平台。

四十年来我以长城保护和研究为志向，最大的梦想就是通过大家的共同努力，构建起保护长城的这道“长城”，让长城能更长久地传承下去，能为我们今天的人提供文化社会服务，同时也能把我们祖先创造的这样一个伟大的文化遗产给后世传承下去。这条保护长城的“长城”一定是要充分动员各种社会力量积极地参与进来的。燕山大学出版社策划出版这套图书，呼应了国内外广大长城守望者的需求，对于推动长城所代表的中国历史和文化代代相传具有深远的意义，无论从何种角度来讲，书的社会效益都是正能量的、激励国人的，并且随着时间的推移，将会愈加显现出来。

我和中国长城学会热情支持这套图书的出版工作，愿意共同扩大其影响，帮助它走近越来越多的读者。

中国长城学会常务副会长

董耀会

2019年2月

导言：妙手著长城

从古代到现代，将长城与小说并置谈论，并不是一个常见的话题。

中国人，幼小到刚上学的儿童都能脱口而出：长城是中华民族精神的象征，然而大家一直以来所亲近的长城、所看见的长城，一般都只是长城沿线那一个个旅游景点所在的关隘、墙体和城楼，司空见惯，不足为奇。放在今天，清凉的城墙上早已嗅不到硝烟的味道，从墙垛放眼塞外同是大好河山，与自己的生活并无二致。这时，你也许想知道，究竟是什么使一道城墙成为一部民族抗争史的无声讲述者？古往今来，长城是怎样地跟有关战争与和平的家国记忆紧紧联系在一起？那么告诉你，在中国文学的府库中，有一只精美的匣子，里面盛着虽然为数不太多、但值得专门打开来一读的长城小说，那里有答案。

多少年来，长城小说的作者们默默地书写着与长城有关的故事，这些故事长短不同，内容各异，但无不蕴含了中华民族的气节。一部小说就是一个世界，小说里有世界的五彩缤纷，自然、历史、人生、情感、命运……纵横交错；小说里还有小人物的辛酸，大人物的坎坷，每看一部小说，都是对人生的一次感悟。在小说的世界里，我们可以了解历史规律，认识世界的变迁。

如果给该类小说作品一个概括的归类解释，大体上是与长城、长城关塞及长城故事、传说紧密相关或以长城为主要背景的小说作品。

追溯小说的起源与发展，可以发现，我国古代的小说萌芽于先秦，发展于西汉、魏、晋、南北朝，当时被称为笔记小说，主要有志人小说和志怪小说两种。唐代是小说的成熟期，当时的小说被称作传奇。宋金时期流行话本小说。元末与明清时期小说发展至高峰，出现了长篇白话小说，这种文体达到繁荣的顶峰，无数优秀的作品问世。

纵观我国古今小说，内容涉及长城的不在少数，比如明清流传的《征东征西》《杨家将》《铁冠图》《长城记》《孟姜女》等传奇演义小说，但真正与长城紧密相关、以长城为主题的却并不多。较早涉及长城题材的古典小说有明代传奇《姜女寒衣记》，民国时期上海沈鹤记书局出版的警世节烈小说《孟姜女万里寻夫》。这些小说将贞洁烈女孟姜女赴长城万里寻夫的故事细致讲述，无不盛赞孟姜女的执着专一。现代作品中与之相似的还有张恨水出版于1957年12月的古典情话系列之《孟姜女》，再有改编自孟姜女传说的苏童的《碧奴》等。这些小说中“哭倒长城”桥段有的令人唏嘘慨叹，有的讥刺昏庸统治者，还有的带有象征意味。

20世纪30年代，全民抗战爆发后，在中国北方长城沿线风起云涌的军民长城抗战，推动了长城抗战小说的创作迅速繁荣。这些作品中，长城沿线抗战不仅是与敌人斗智斗勇的保卫战，更蕴含着丰沛的民族精神，这类作品后来形成了独特的体系。

进入21世纪以来，长城的现状特别是古长城的消失引起了全社会的关注，保护长城成了热点问题，对古长城的考察也相继开始实施。与此同时，一批作家也把关注的视角投向了这个问题。《王白的长城》《长城别》等小说，虽然并非史诗巨制，但已经将长城保护提升至民族精神层面，警醒着国人。

总体上看，长城小说以现当代小说为主，内容颇具多样性，包括传说重述、历史回响、战争风云、乡土情怀、人性反思等方面。本书即按照上述五类分别介绍，另外，一并介绍两部国外作品，它们足以代表长城在世界作家创作视域中的影响力，同时，本书还收录了有关长城的少量报告文学作品。

篇幅所限，本书采用概述性的赏析写法，收录和勾勒这些非凡的小说，标明其原发出处，旨在以己之眼，窥其一斑。读者若欲瞻其全豹，尽可按图索骥，一览为快。

目　录
contents

重述传说的长城小说

这部分小说主要以长城传说和历史故事为内容，如以孟姜女故事为主要框架的《碧奴》《孟姜女》等。此类小说大都以传说故事为主要框架，但普遍在重述过程中加入作者个人观点，带有一定的个人化倾向。作者通过民间传说、故事想表达的不在故事本身，而是包罗万象的思想内蕴。这部分小说内容丰富，历史感强，又包含着作者独特的见解，是长城小说重要的组成部分之一。

无论在中国还是外国，小说的最早形态基本都与故事相关，可以说小说起源自民间故事。在中国，远古神话的流传，为小说的出现打下了坚实基础。汉魏六朝时期，志人、志怪小说大量涌现。直至唐传奇、宋元话本再到明清小说，小说的发展脉络清晰可见。我们可以得出结论：中国小说是在民间传说、故事的摇篮中成长起来的。再看长城小说，对于传说、故事的重述、演绎，更体现出民间传说、故事对于小说发展的影响力。

影响长城小说发展的民间传说、故事，主要集中在孟姜女传说上。以此为主要内容的古典小说有明清流传的传奇《姜女寒衣记》、民国时期的《哀情小说孟姜女》等，现代小说有苏童的《碧奴》、张恨水的《孟姜女》、杨书案的《秦娥忆》等等。这类小说以孟姜女故事为大体框架，通过重述故事表达作者的想法。比如《碧奴》一书，苏童在小说中将故事大体框架依然限定在孟姜女故事原型中，但在叙述过程中加入了大量的个人化元素。故事本身成了一个巨大的隐喻，“眼泪”作为道具夸张得离奇，会哭与禁哭形成了矛盾。这类看似失真的细节却具有触目惊心的真实效果，以轻巧的语言讽刺和鞭挞着压迫的力量。在隐喻中我们不难看出“文革”那个动乱年代的影子。这样的小说，其特性已远远脱离了原来的传奇故事，变得先锋性十足。与《碧奴》相比，张恨水的《孟姜女》讲述的意味更重一些。小说情节也大体与原故事相同，都是千里寻夫终未果，哭倒长城八百里，但作者没有耽于孟姜女和万喜良的情感纠葛，而是把他们的悲剧命运置于黑暗统治之下，从而揭示出暴虐的秦朝是怎样扼杀人性人情乃至人的命运，并以此唤起了人们对黑暗的憎恶，对光明的向往。在揭露宋必忠、洪工头等黑暗势力的同时，又写出万喜良、黄化一等被侮辱被损害的小人物的不幸与灾难，颂扬下层劳动者纯真、正直、侠义、善良的美好品德。小说流露出来的立足现实、面向大众、同情弱小、讴歌爱情等价值取向使它独具魅力，在当时产生了巨大社会影响。即使将这部小说置于当今社会坐标之中，仍然可以看到它独特的价值。显然，这部小说的社会价值和文学史价值更高一些。作为通俗小说大家张恨水的“社会言情小说”之一，它在社会上产生了一定的反响，下层劳动者正直、善良的美好品德被放大，讴歌爱情、同情弱小等价值取向也得到肯定。作为古典小说的《姜女寒衣记》和《哀情小说孟姜女》，同样都在小说内容中融入了神话传说，无论是下凡历劫的金童玉女，还是同情人间的芒童官仙、七仙姑，他们的善良品德值得称道，他们的人间遭遇令人同情。而且，在传说的外衣下，我们能看到作者独特的批判意味。

连环画《孟姜女》封面，王叔晖绘，朝花美术出版社 1950 年出版

姜女寒衣记

古代小说中，有关长城传说的小说，特别是孟姜女小说的很多。《姜女寒衣记》为传奇小说，被收入明传奇《风月锦囊》刊本，孙楷第《中国通俗小说书目》将其列入卷三“明清小说部甲”类。《风月锦囊》本身即颇具传奇性，国内早已无传本，后为一位台湾学者上世纪50年代在西班牙发现，才得以重见天日。

作品为短篇小说，内容并不复杂。杞良、姜女原是金童玉女，互相倾慕，后双双下凡。玉女下凡托生成姜家长女孟姜女，金童成范家独子范杞良。杞良长大成为江洋大盗，一日姜女外出游乐，柳荫花下见杞良，引领其归家结成姻缘。

后范郎被捉，二人破镜分别。范郎远走筑长城，三年杳无音信，姜女思夫心切，决定只身送寒衣。途中先遇店主李婆子，儿母共谋娶姜女为媳，姜女施计得脱。接着她又被流寇赵黑龙捉到蛇虎山寨上，但因当年杞良曾经帮助赵黑龙，二人后来成结义兄弟，遂得脱险。一波未平，一波又起。姜女再遇强盗拦路抢劫，但随之老虎咬死强盗，又脱险。历经重重磨难，姜女来到长城边，得知杞良已死，她放声痛哭，哭倒长城七十余处，见到范郎尸首，容颜如生。蒙恬捉了姜女来见秦王，秦王见到姜女美貌，欲封其为妃，姜女苦苦哀求，终获自由。姜女再见杞良尸首，发誓与夫同生共死，闷杀在地。此时，有仙人路过长城，为二人深情所感，用仙法使二人复活，终得团圆。范郎、姜女修复倒掉的长城，秦王对前事不予追究，赐范郎官职。夫妻二人脱困后不忘旧友，来到蛇虎山拜见赵黑龙。赵黑龙对范郎“受君恩似海深，慕容仪长在心”，心归朝廷，后被秦王封为宰相。杞良和姜女也载誉归乡。

小说中，秦始皇由暴君转变为明君，对孟姜女、范杞良既往不咎，甚至封杞良做了大官。另外，还慧眼识人，封赵黑龙为宰相。这些均体现出明朝“一统河山归圣主”的特点——秦与明在这方面何其相似！另外，小说中很多关于孟姜女传说的情节都被作者加以演绎。比如范杞良与孟姜女为金童玉女下凡，范杞良与强盗结义、孟姜女被强盗所掳等等。这些情节不但丰富了小说内容，而且对后世孟姜女传说的发展、通俗文学作品的传播起到了很大作用。更值得注意的是小说结局由悲剧变成了喜剧，传统小说大团圆的结尾模式迎合了大众的口味，不过也的确给故事带来了新的面貌。

细读《姜女寒衣记》，会发现两处细节在小说中被刻意强化。一个是作为重要线索的镜子。一面镜子一分为二，分别被孟姜女和丈夫带在身上。她长途跋涉送寒衣，一路上都在记挂这半块破镜，“恐落烟波玉体，但祈破镜重圆日”。正是通过半面镜子，孟姜女才认出了丈夫杞良的尸骨。其实破镜习俗源自六朝之时，后世几经变迁，依然没有湮灭。破镜传说在明清时代更在文人笔下盛传，因而在多部作品中得到强化。由此可见古代民俗文化在文学创作中的作用巨大。再有便是孟姜女死而复活的大团圆结局。范杞良与孟姜女二人双双身亡，但故事设计了仙人为二人深情所感，用仙法使二人复活的桥段。表面上看是民间故事惯用的大团圆的写法，其实也有一定的历史渊源。孟姜女故事的结局，在历史发展过程中，从之前的悲剧结局，慢慢演化成了现在的喜剧结局。明代初期，这种大团圆的结局得以固化，并流传下来，甚至在民间这种大团圆已经不是文人的选择，而成了民心之所向。因此我们可以在《姜女寒衣记》这个作品中看到民风民俗的影子，正是风俗的发展、演变，铸就了孟姜女小说的发展变迁与世代流传。

37　孟姜女想摘一朵荷花，万喜良就伸手摘了朵并蒂莲送给她。

连环画《孟姜女》第37页，王叔晖绘，朝花美术出版社1950年出版

《姜女寒衣记》，选自《风月锦囊》刊本。

哀情小说孟姜女

民国初年，上海文益书局出版了小说《哀情小说孟姜女》，该作品为上海石印本章回小说，脱胎自唱本、宝卷、戏本，又名《万里寻夫贞节传》，凡十二回，流传于直隶、河南、湖北诸省。

小说写了秦始皇在位期间，奸臣赵高在朝中横行。不仅促使始皇焚书坑儒，更使其妙想天开修筑万里长城。赵高献计始皇奏称万里长城需要万人之魂镇压才可以永固，始皇听信谗言，一时间，天下生灵涂炭，民不聊生。

凡间人民受难之际，天宫正值冬至佳节，天门大开，诸神众仙朝贺玉帝。礼毕后，玉帝令众神遍游三界极乐之地，此时一位芒童仙官与七仙姑游至南天门外，俯视下界百姓遭受劫难，芒童仙官心生不忍，决定下凡。仙官跃出天门，在云端飞行查看，得知苏州万启忠曾为兵部尚书，为人耿直，因不满赵高行径辞官回乡。其妻即将生产，仙官决定投胎至万家。果然，孩子出生后，生得面如冠玉，颇得万氏夫妇宠爱。再说七仙姑，她见芒童仙官不顾个人安危下凡济世，深受感动，也下凡投身瓜腹，打算助仙官一臂之力。她来到松江华亭县，听闻孟隆德孟员外为人仗义疏财，便化身小女孩投身他家冬瓜腹中。

正值孟员外派家仆孟兴摘取冬瓜，但遇到隔壁贪得无厌的姜婆阻挠，无奈让地保做主划分。地保决定冬瓜用刀剖开，一家一半。还未商量妥当，忽听得瓜中有人言，说自己乃是天女下凡，因孟隆德夫妇积德行善所以投身瓜腹，愿为二老女儿。地保听闻，将女孩剖出，交予孟家。姜婆为争女孩愤而到华亭县府上告，然而孟员外解释之后，县官依旧将女孩判给孟家，只不过取名孟姜女。十五年后，孟姜女长大成人，孟员外夫妇为了传宗接代以及老有所依，想要为女儿招赘，但孟姜女坚持只有得以窥见其身体肌肤者方为良配。

在天宫中，玉帝召集各大功曹上殿查问天上人间善恶诸事，值日功曹上奏芒童与仙姑之事。玉帝虽怒，但因二人下凡乃为天下苍生，所以打算助力以救百姓于水火。于是派太白金星下凡散播童谣：姑苏有个万纪良，一人能抵万民亡，捉获填筑长城底，万里长城永坚固。这首童谣后来为蒙恬、赵高听闻，赵高知道万纪良为万启忠之子，起了公报私仇之心。后赵高在始皇面前花言巧语，让始皇逐级下令，抓住万纪良，押解至咸阳，以将其填筑长城下。命令下了之后，万家从上到下陷入惊慌。万启忠夫妇让家奴万祥带万纪良连夜出逃，不想半路遇劫匪，万祥被杀，银两被抢，纪良几乎陷入绝境。

走投无路之下，万纪良躲入一处花园，想暂时容身。其实，他所在的正是孟隆德家后花园。这一日孟姜女睡梦中与丫鬟来至后花园，看到两朵牡丹开得正艳，顷刻间又凋谢。惊疑间二人看到亭内石桌上得一首诗：三生有约隔难逢，冒险崎岖到此中，尚乞不忘慈善念，助全手续返天宫。从梦中醒来，孟姜女知道花园必有蹊跷，于是与丫鬟来到后花园游玩。二人扑蝶至荷花池边，孟姜女失手将扇子掉落，于是挽起袖子欲捞扇子，万纪良深恐她失足跌落，出声阻止。二人见面，万纪良将实情都告诉孟姜女。由于他看到了孟姜女白皙的肌肤，孟姜女也遵守自己的承诺，与父母商量嫁与万纪良。

孟隆德夫妇应允了二人婚事，找来喜婆商量。不料万纪良通报自己姓名时却被路过的蒙恬一行人听到。在万纪良与孟姜女即将拜堂成亲之时，蒙恬带兵将万纪良抓走。第二天来到十里长亭送别万纪良，孟姜女肝肠寸断。万纪良劝孟姜女另择佳偶，而孟姜女却发誓从一而终，叮嘱万纪良保全性命。分别后，孟家按照万纪良的嘱托，写信通知了万启忠夫妇，夫妇二人虽悲痛欲绝，但由此看破世事，仗义疏财，以博芳名。

万纪良一路被押解进京，见到秦始皇。赵高谗言惑主，主张将其斩首以祭长城。但丞相李斯坚决反对，认为应当让万纪良穿蟒袍、朝靴，封万里长城侯、万王尊神，全身安置到长城之底。秦始皇采纳了李斯的建议。万纪良一路颠簸，肝胆俱裂，本已病入膏肓，此时一缕幽魂已慢慢出窍。他不放心父母身体，来到万家，到父母梦中安慰一番；又牵挂孟姜女安危，来到松江想要见妻一面。此时万纪良已经恢复芒童仙体，转念一想，他与仙姑本同时下凡，也该同返天宫，若此时见面，孟姜女寻死，虽得同返，但下凡目的却不能达到。于是，只得眼睁睁看着孟姜女吃苦受难。

却说孟姜女自万纪良走后，心中难安，决定到长城处打探消息，为万纪良送寒衣。孟隆德夫妇派丫鬟春嬛与家仆孟兴跟随保护。半路孟兴起了歹意，杀死春嬛，想要强娶孟姜女。孟姜女用计除去孟兴，哀叹人心难测。她只身一人历尽千辛万苦终于来到长城总关。为了通关，她放下身段为守关士兵唱曲，唱的都是她与万纪良的遭际，士兵感念她的痴情，放她入关。入关后孟姜女来到长城近前，一面哭一面找，想要再见万纪良一面。长城被一段段哭倒，终于露出了蟒袍朝靴的万纪良的尸身。孟姜女见到夫君更是哭得凄惨。此时，蒙恬与赵高再起坏心，准备将孟姜女送给秦始皇，孟姜女虽悲痛欲绝，但为了报仇加以应允，同时提出三个条件：其一，将万纪良尸身用棺木殓埋，砌造坧坟；其二，秦始皇亲自祭奠，满朝文武挂孝；其三，在万纪良坟前建造万里长城侯万王神庙。秦始皇见到孟姜女容色，早已心动，很快完成了孟姜女的三个要求。此时，孟姜女假意邀秦始皇同游望萍桥，观长城风景。到桥上之后倒身下拜，感谢父母养育之恩，拜完从桥上一跃而下，瞬间无影无踪，成就了一世芳名。孟姜女死后，一缕幽魂出窍化身为仙姑仙体，得与芒童仙官共返天宫。

佚名，《哀情小说孟姜女》，上海文益书局。

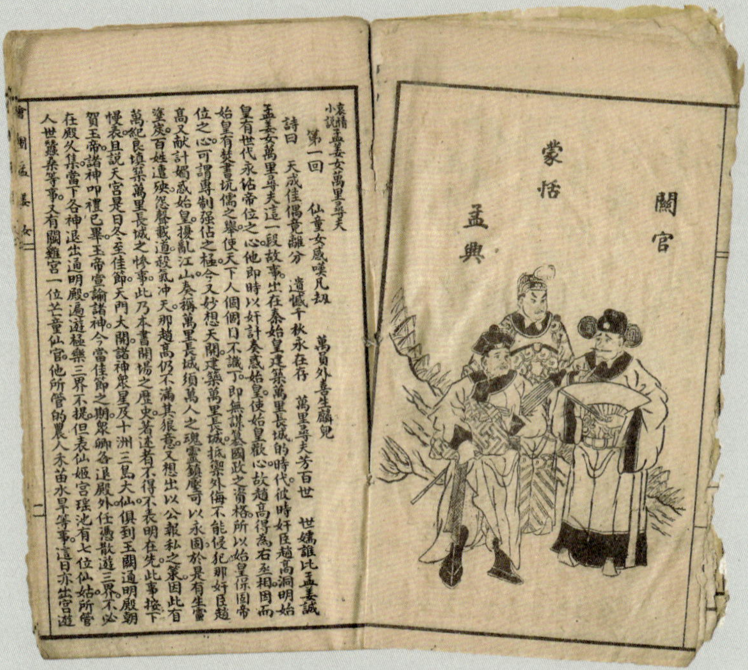

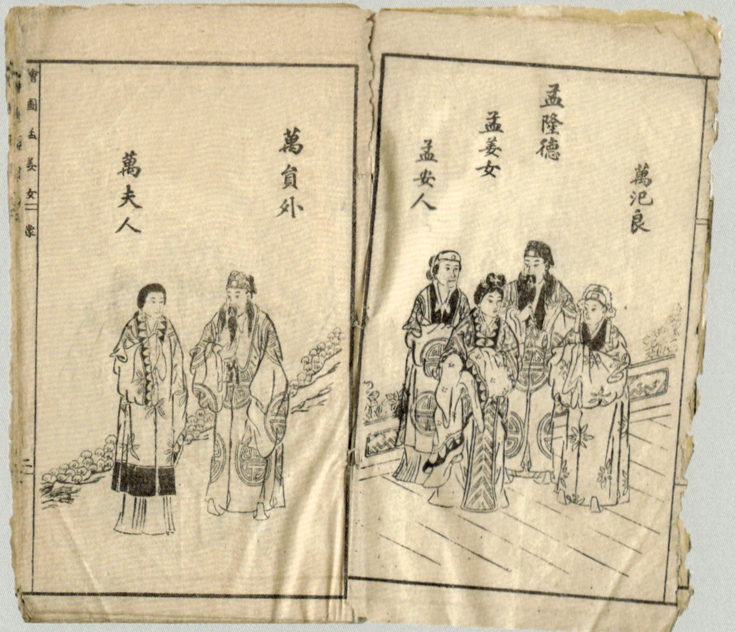

旧小说绘图本《哀情小说孟姜女万里寻夫》插图，上海文益书局

孟 姜 女

1957年，北京出版社出版了“中国古典情话系列”小说，其中张恨水的《孟姜女》引人注目。其实，从1953年开始，张恨水改编了一系列民间爱情故事。《梁山伯与祝英台》《牛郎织女》《白蛇传》《孟姜女》中国民间四大爱情故事出版后，深受欢迎。提起张恨水，世人多联想他笔下那些风花雪月的辞章、风流才子的小说、缠绵悱恻的爱情，其实，作为通俗小说“第一人”，他改编的功力也不容小觑。《孟姜女》以秦朝修筑万里长城为背景，讲述了孟姜女和万喜良感人至深的爱情故事，痛斥了秦始皇暴政给人民带来的伤害。情节生动，俗中藏雅，雅中有趣，雅俗共赏。

小说中的故事发生在秦始皇焚书坑儒时期。在秦始皇灭六国之后，便下诏焚书，除医药、卜筮、种树几种书集之外，无论什么书都要烧掉。诏书下到雍丘邑的万家村，村中书生万喜良满心疑惑而且踌躇不已。几天后公差到家中搜查，见万氏父子依然没有将书送至县里焚烧，勒令他们马上清点焚毁，一册不留。喜良心中非常难过。

焚书后，喜良整日郁郁寡欢，父母让他到外面散心游玩。正值三月，草长莺飞，喜良信步来到一处园外，隔墙看到园中树上春花正艳，不觉停步。依稀看到一个十八九岁的清秀女子带着丫鬟游园。这个女子就是孟隆德孟大夫之女孟姜女。这时，一只彩蝶掠空而过，姜女忘情扑蝶，身形娇俏灵动，却不知园外已有人惊为天人。喜良看到姜女越来越近，忙回头准备走开，不料府中走出几个人，将喜良请入。入府之后，喜良看到一位和气的老者，也就是孟德隆孟大夫，慌忙解释偷窥之事，但孟大夫言辞和气，并未怪罪，二人相谈甚欢。孟妻王氏和孟姜女一直在屋后张望，都觉得喜良仪表堂堂，谈吐文雅。孟大夫有心将女儿许配于喜良，次日，待喜良来访，出语相询。喜良问过父母，都很满意，于是定下亲事，择日完婚。

张恨水（1895—1967）

婚后二人相敬如宾，喜良继续用功，姜女忙碌织绢。一日晚间月色很好，二人来到田野中赏月。看着田野中的美景，他们畅想未来，幸福无比。走了二三里路，来到一湾流水前，喜良捡起一块石头，扔进水中，并感叹两人形影不离，即便石头落入水中，破坏了倒影，但待水平静后，影子终究还能成双。说罢二人许诺一生相伴，永不分离。次日姜女找到一片竹简，将二人的身影、水中的倒影刻在竹简上，喜良欣喜无比，将竹简随身携带。喜良夫妻就这样幸福地生活着，他们在万家村住半月，在孟家庄住半月，等到结婚快到一百天的时候，两人商量庆贺一番。但还没来得及安排，风云突变。喜良马上要被抓去修长城，喜良父母与姜女悲痛欲绝。喜良之父万善田与军官理论，但终究于事无补。喜良带着无限的眷恋，辞别了父母妻子，被官兵带走。同村两位老人告诉善田，次日长亭还可以再见上一面。善田来到县衙，将收拾的衣物给喜良送去。喜良安慰父亲说修十年长城他不过三十二岁，照样可以回乡与家人团聚，并且约定次日长亭相见。第二天一早，一家人匆匆来到长亭，望着残月晓星，心中更添忧愁。待见到官兵押送的喜良，一家人抱头痛哭。喜良给爹娘磕了头，又与姜女依依惜别。二人相约，修完长城再相聚。等到官兵喊"归队"，喜良无奈远走，只留家人望着他的背影痛哭失声。

自七国以来，代代都要修筑长城，秦长城西起临洮，东至鸭绿江。这一百多名被征的人，每天辛苦赶路。喜良是书生，身体瘦弱，经常因为掉队而挨鞭子。同村的万柏青和万明仁看到他体力不支，便有意相帮。喜良怕他俩因此受到责罚，刚开始不肯。但明仁和柏青执意相助，让喜良感动不已。因为到咸阳的人太多，所以他们一行人改走偏路，但路上人依然越来越多，都是要到前方修长城的。队伍里有人病了，没人管；更有人活活累死，随意被抛弃在路边。喜良心痛感叹人命就是这么不值钱，却不知自己将来的命运也是如此。越往前走，越是艰难。到了长城工地，已经有很多人病死、累死。但无情的官差依然驱赶着这些人干活，稍有差池，等待的就是无情的皮鞭。喜良在工地上结识了新朋友，但等待他们的并不是获得友谊的兴奋，而是痛失好友的悲愤。一个又一个活生生的人被劳役、疾病夺去生命。生了病的工人如果不干活，只会被活活饿死。喜良用自己微薄的力量，帮助着身边的朋友，但无奈势单力薄。一名工人叫黄化一，生病后没人照看，喜良每天留给他一些粉糊，最后竟救活了他，他感激不尽。

孟姜女哭倒长城

这一日，喜良被分到了一段工地，修筑一个堡。为了保证修好，军官宋必忠找到了心腹洪工头前来监工。这时已是九月中旬，人们穿着棉衣，依然瑟瑟发抖。修堡的工程并不顺利，每修一截，就被风吹倒。为了按时完工，洪工头逼着大家拼命干活，终于，喜良支持不住病倒了。他无论如何也不能再干了，洪工头愤怒地想用鞭子抽他，但一抬手，鞭子竟被刮飞了。一时间，飞沙走石，洪工头大为纳罕，觉得喜良与凡人不同。但此时的喜良已经奄奄一息，他将竹筒掏出递给洪工头，让他转交父母，并嘱咐他将自己葬在长城脚下。军官宋必忠看到洪工头并没有带人干活，大为光火，吩咐工人将喜良尸体抬走。但几个小伙子都抬不起喜良。无奈，宋必忠下令将长城筑在了喜良的尸体上，而这一段长城，也终于顺利地修了起来。为了记住喜良的埋骨之处，他的朋友们在这一段长城上画了箭头，做了记号。当初被喜良救活的黄化一，也下定决心，一定要活下去，告诉喜良的亲人，哪里是喜良的坟墓。

万善田夫妇与孟姜女一家在喜良走后，陷入痛苦的思念中。姜女怕老人更添烦恼，不敢流露思念之情，每日伺候公婆，织绢度日。喜良之母何氏日日盼儿归，忧思成疾，不久便撒手人寰。万善田也郁郁而终。葬了公婆之后，孟姜女收拾行囊，踏上了万里寻夫之路。她怀着对喜良的爱风雨无阻，日夜兼程，脚上磨出了血泡也不停歇，劳累过渡晕倒在地也不在乎。一路打听，终于来到了修筑长城的工地，然而等待她的竟然是喜良死去的噩耗。一时间，姜女的天塌了下来，她悲痛欲绝。就在她黯然神伤之时，黄化一为她指路，告诉她喜良的尸骨就埋在长城上画箭头的一段。姜女擦干眼泪，登上长城，突然狂风大作，正如喜良临死前一样。狂风中，姜女蓦然看到做记号的长城，一时悲从中来。想起成婚后一百天的点点滴滴，她心如刀绞，手拿洪工头给她的竹简，一生相伴的誓言似乎回荡在耳边。可眼前却只余埋在长城下的冰冷尸骨。她一声声恸哭，感天动地，长城崩塌，喜良的遗骨出现在眼前。想起誓言，姜女誓不独活，她让喜良的朋友们先下去，自己却从城墙跳下，等黄化一等人赶到时，她已经静静躺在了喜良的尸骨旁。可叹孟姜女，千里寻夫，惊闻噩耗，与夫同埋，流传千古。

张恨水，《孟姜女》，北京出版社，1957 年 12 月。

碧奴——孟姜女哭长城的传说

2006年，作家苏童应和英国坎农格特出版公司发起的“重述神话”项目，写作了由孟姜女传说改编的奇幻小说《碧奴》，受到广泛好评。苏童认为《碧奴》是他最好的小说，“每个人心中都有一个孟姜女，我对孟姜女的认识其实也是对一个性别的认识，对一颗纯朴的心的认识，对一种久违的情感的认识。我对孟姜女命运的认识其实是对苦难和生存的认识，孟姜女的故事是传奇，但也许那不是一个底层女子的传奇，是属于一个阶级的传奇”，他如是说。

小说《碧奴》封面，苏童著，重庆出版社2006年出版

小说讲述了出生在北山下桃村的碧奴万里寻夫的故事。故事发生地桃村的人们不敢哭泣，因为眼泪曾给他们带来一场大灾难。当年信桃君被国王放逐到北山，国王让他死于大寒，可信桃君拖延了自己的死期，直到清明那天才把白绢挂到了草庐的房梁上。信桃君死后，国王不允许为信桃君哭灵，那是一条未颁布的法令，北山下的人们一点都不知道。结果，三百个泪痕未干的为信桃君哭灵的村民被杀害。从此，北山下的人们不能哭泣。桃村和磨盘村的人们哭泣的权限大致以年龄为界，孩子一旦学会走路就不再允许哭泣，一些天性爱哭的孩子钻了这宽容的漏洞，为了获得哭泣的特权，情愿放弃站立的快乐。于是，母亲借助巫术让婴儿立刻停止哭泣而沉沉睡去。而女孩子除了眼睛，根据各自的生理特点，动用了各种人体器官引导眼泪，眼泪便独辟蹊径，流向别处。

主人公碧奴家住北山下，长得非常漂亮。她的脸清秀端庄，但由于生活困苦，她乌黑的大眼睛里时常蓄满泪水。幸而她有浓密的长发，母亲活着时给她梳双凤髻，教她把眼泪藏在里面。可母亲死得早，传授的秘方半途而废。后来，她开始用头发来哭泣，而且哭得不加掩饰。她的头发整天湿漉漉的，双凤髻也梳得七扭八歪，走过别人面前时，大家都躲得远远的。从头发中流出的泪水，一路陪伴碧奴。碧奴哭泣的方式太过愚笨，所以只能嫁给孤儿岂梁。岂梁英俊善良，是别人从桑树下捡来的。别的男孩都嘲笑岂梁是棵桑树，桑树不说话，岂梁也不说话。大家都说岂梁这个活哑巴，只知伺候桑树，什么钱也不会赚，也只有碧奴肯嫁给他，因为碧奴是葫芦变的，葫芦正好挂在桑树上。

然而有一天岂梁突然失踪，原来他被抓到大燕岭修长城。碧奴思念岂梁，相思让她的手掌、脚趾乃至全身的肌肤都学会了哭泣。秋天到了，她想念岂梁，担心他没有冬衣穿。她决定远赴大燕岭给他送寒衣。她来到板桥雇马，然而所有的马都被征走了。失望回来的路上，她被一只青蛙一路追随，无意中发现青蛙的前身竟然是一个盲妇人，而这个盲妇人曾经划着木筏顺流而下，沿河寻找她失踪的儿子。洪水到来的时候她被冲走，临死时绝望的叫声在寂静的黎明中格外凄惨。盲妇人的灵魂附身到青蛙上，这只盲眼青蛙跟上了碧奴，和她一起去大燕岭。桃村人知道碧奴要去大燕岭后，对她充满了无端的嫉恨和敌意。碧奴顾不上这些，她把自己的前身——一只葫芦埋在家乡后，和青蛙出发了。她俩在路上经历了千难万险，途中青蛙不知去向。

碧奴来到了繁荣的蓝草涧，这里虽然繁华，却不能接纳善良的碧奴。所有的人都怀疑她、嘲笑她。这里的百春台很有名，不仅门客众多，而且最早以马人闻名于世。因为战事，数万匹良种青云白马跟随征战的将士驰骋疆场，而西南边疆狼烟未灭，北方的长城工事又在召唤所有幸存的马匹，这使王公贵族骑射的习俗无法继续下去，于是百春台开始养马人，骑人射猎的新风尚风靡各地的贵族圈子。随后，又开始养鹿人。鹿人大多是未及弱冠的男孩子，作为野鹿和黄羊的替代品，他们的待遇与马人不同，但有其严格的选才过程，还有长时间与鹿为伍的训练。最后，碧奴搭上了百春台衡明君无掌车夫的马车，这个车夫为了不去大燕岭修长城，在父亲的帮助下砍掉了自己的双手。同车的还有一位神秘的蒙面客。碧奴随着无掌车夫来到百春台外，她发现先前不知所踪的青蛙随着蒙面客进了百春台，但碧奴一个人被扔在了百春台外的树林里，被一群鹿人抓住。鹿人们很快发现碧奴是一个泪人，他们决定第二天早上献给衡明君，但看守百春台的门卫依然拒绝让鹿人和碧奴进入百春台。鹿人们只好把碧奴当祭品献给鹿王坟，但碧奴的眼泪让鹿人们感到恐惧。疲惫至极的碧奴看到死神的来临，她请求鹿人男孩帮她挖一个坟墓。碧奴看到松树下草草画出的墓线，害怕得放声大哭，从她乌黑的头发里再次源源不断地流出泪水。哭完后，碧奴无奈地和男孩开始讨论到底把自己埋在何处才合适，这时她却被百春台门客千里眼发现，把她从坑里拉了上来，原来碧奴的坟地被挖在了衡明君的林子里，她根本没资格埋在这里。

经历过死神洗礼的碧奴辗转来到了五谷城。这里盛传国王将路过，士兵四处巡查捉刺客。碧奴排队进城时，发现了曾和她坐车进百春台的蒙面客。原来他是隐居北山的信桃君的后人少器，他的一生在为刺杀国王复仇而奔波。这次为了刺杀国王，他不惜弄残了自己的脚，假扮成一个卖糖人。碧奴和少器交谈，但少器却不承认认识她。很快，碧奴眼泪的秘密被五谷城的人发现，她被送往詹刺史府做泪人，用她的眼泪做药引。但碧奴这时却哭不出来，被赶出了詹府。她在五谷城游荡，再次碰到少器。她看到他光着一只脚，十分憔悴，忍不住去关心他，却被他恶狠狠地打断。少器行刺不成被抓住后斩首，碧奴也被当作嫌疑犯抓了起来，关进铁笼示众，五谷城的人们都来围看。她眼泪不停地流，在她的泪水中，五谷城里邪恶的人们想起了做过的亏心事，不禁忏悔起来，人们陷入恐慌。五谷城的人民仍然热切地等待着国王的驾临。大量的流民守候在米仓，等待着国王来开仓放粮。然而漫长等待等来的是国王的死讯，他在巡视路上早已经死去。躁动的流民发动了暴乱，开始抢劫各个商铺，逃出城去。碧奴的眼泪已经把铁笼腐蚀，于是也趁机逃了出来，夹在流民中，逃出了五谷城，她甚至还在五谷城中为岂梁抢到了一件棉袍和一只半青半黄的葫芦。

碧奴穿着男人的棉袍，把葫芦系在腰上，继续往北走。路上，她遇见一群抱着石头的妇女，她们告诉她，一定要搬一块石头献给山神，这样就能保佑自己的丈夫。于是，碧奴也抱着石头赶路。实在走不动的时候，她便背着石头在路上爬。这时，她奇迹般地再次遇见了那只盲眼青蛙，于是，在青蛙的指引下，碧奴慢慢向大燕岭爬去。十三里铺的农妇们发现，在碧奴身后，无数来历不明的青蛙排成一条灰绿色的队伍，浩浩荡荡地向大燕岭跳跃，身后还有一群白色的蝴蝶紧紧跟随。

北方的天空下是一片连绵的山影，天空之下山峦之上，就是逶迤千里的大燕岭长城。长城在初冬的阳光下闪出锋利的白光，把天空衬托得萎靡不振。碧奴一路经历了千辛万苦终于来到了长城，却得知了丈夫万岂梁死去的噩耗，她不禁放声痛哭。守护长城的简羊将军听到风声中有人在哭，让属下去追捕。大燕岭上人海茫茫，上官青奉命带着一群捕吏在劳动的人海里艰难地寻找这个声音。他们终于发现，原来是岂梁的妻子碧奴在哭。大燕岭的民工们远远看见岂梁的妻子碧奴，抱着一块石头，跪在岂梁丧生的地方断肠岩上哭泣。她的眼睛里铺开了一片湿润的天空，那片天空里下起了滂沱的泪雨，整个山谷沐浴着一片泪水的白光，云和风在半空里呜咽，树和草在山坡上饮泣，石头、青砖和黄土在城墙上垂泪不止。碧奴跪在风沙里拍打城墙，痛哭失声。她的泪水冲刷着山体，断肠岩上的堞墙、箭垛和烽火台都被她的手拍响了，石头和泥土在城下发出了压抑的轰鸣。被派上山将碧奴挑下来的小满拿着扁担一路飞奔下山，他和上官青还有几个失魂落魄的捕吏惊恐地发现碧奴哭得山崩地裂，断肠岩那边的长城已经开始垮塌，他们担心因修长城而死去的万岂梁他们要从地下跑出来，申诉自己的冤屈。碧奴终于用这样的方式为岂梁申了冤，但她也永远葬在了连绵的群山中。

105 古代劳动人民用血汗建造的万里长城，作为伟大的古迹一直保存到今天。而孟姜女万里寻夫、哭倒长城的故事，也一直在民间流传。

连环画《孟姜女》第105页，王叔晖绘，朝花美术出版社1950年出版

在此番“重述”写成的小说中，苏童将主人公的名字由孟姜女改为碧奴，因而书名就叫《碧奴》。作者以丰富的想象力重构了一幕幕令人目眩神迷的精彩场景——为了生存而练就九种哭法、送寒衣前为自己举行葬礼、装女巫吓走顽童、被当作刺客示众街头、众青蛙共赴长城……展现了这个在权势压迫下的底层女子以自己的淳朴、善良在沧桑乱世中创造了一个神话般的传奇。

《碧奴》的故事本身是一个巨大的隐喻。在隐喻中讲述苦难和悲伤的故事，可以说是一部眼泪的传奇。小说中碧奴所在地方的人们的哭泣是有种种规定的，与年龄和性别有关。哭无疑是最基本的情感及其表达的普通方式之一。但在残暴统治下，这项权利却被剥夺和扭曲了。

苏童用了先锋派修辞性的语言，并在语言与现实之间拉开一种距离——一种虚幻的神话式的距离。他有意削弱了历史苦难的现场感和实在性，使它们具有想象和审议的意味。生动的细节却具有触目惊心的真实效果，以轻巧的语言讽刺和鞭挞着压迫的力量。作品中碧奴的丈夫始终是缺席的，但正是这种缺席，使人物和作品更有一种飞翔的姿态，也使这种情感作了跨时代的认识和体味。

《碧奴》这部小说能否写成，决定性作用在于"碧奴"这个名字的设定。孟姜女的故事家喻户晓，虽然这个故事有地域差异，但是大同小异。苏童为孟姜女重新取了"碧奴"这个名字，这是一个全新的、与"孟姜女"迥异的名字，看到这个名字绝对不会联想到孟姜女。这样，苏童的重述有了一个全新的开始。孟姜女故事中，"哭"是一个关键词，长城就是被孟姜女哭倒的。《碧奴》里，哭，或者是眼泪同样具有巨大的力量。它首先是碧奴自我保护的手段。在百春台的树林里，碧奴被一群鹿孩猥亵，这时她的眼泪很具有攻击性，能够使侵犯者感受到一阵阵辛辣的刺痛；当碧奴被锁在芹素的棺材上，成了芹素的亡妻时，官兵们又想猥亵碧奴，此时碧奴的眼泪像箭一样射出，甚至使盾牌都生了锈。其次它又是稀世珍品。在五谷城，守卫品出了碧奴眼泪的味道。他认定这是一种"好泪"，像珍珠一样，咸里带甜，甜里带酸，有一点儿苦，还有一点辣。正好五谷城的刺史需要五味泪汤，碧奴的泪就这样成了珍品。眼泪的作用不止这两种，最后碧奴被当作刺客关在铁笼子里，她的眼泪能够荡涤人心；在大燕岭上，看到死去的丈夫，碧奴不只自己在哭，她甚至让蝴蝶流泪，让石头流泪，让山谷流泪，所有人都在碧奴的哭泣中黯然神伤，直至最后，长城崩塌，故事戛然而止。眼泪就这样从武器变为珍品，最后变为净化心灵的神奇所在。

另外，"走"也是一个关键词。从家乡桃村到长城，需要步行一千里，漫漫长路，碧奴一介弱女，没有犹豫，没有退缩，在坎坷中孤独前行。从某种意义上说，她甚至可以称为一个"忍者"。碧奴历尽磨难，她勇往直前的过程，就是承受苦难的过程。命运随着碧奴的前行而徐徐张开了魔爪，现实世界折磨着她。在"走"的路上，她几乎没有朋友，只有一只青蛙能够理解她。碧奴以各种姿势在走，步履蹒跚，最后甚至失去了行走的能力，爬到了长城……孟姜女万里寻夫，感天动地；碧奴万里寻夫，却多了几分荒诞。

《碧奴》中，长城最后沉重登场。这是一堵高大的石墙，墙下压着累累白骨；这更是一堵似乎无法越过的"心墙"，她致使碧奴万里寻夫之路坎坷多舛。碧奴的艰难、孤独大都源于此。所以，碧奴最后哭倒长城，具有深刻的象征意味，这恐怕也是作者最想表达的内蕴。

苏童，《碧奴》，重庆出版社，2006 年 9 月。

铺 陈 历 史 的 长 城 小 说

近年来，历史小说创作越来越繁荣，作家们普遍开始追求作品的历史感、厚重感。二月河、凌力、高阳等作家均有厚重的作品问世，例如二月河的帝王系列、高阳的《胡雪岩全传》等，此类小说中频频出现民族历史、家族历史。另外，新时期以来，新历史小说也曾经在文坛上独树一帜，莫言的《红高粱》苏童的《妻妾成群》等代表了作家们对于个人体察的历史的勾画。毋庸置疑，作家个体对于历史感的追求使作品思想更加深刻，而一个时期的作家群体对历史感的追求更能促使文学走向成熟。长城小说也需要充实的内涵，需要历史积淀的厚重感。纵观长城历史题材小说与长城相关特定历史人物、事件紧密相关，篇幅厚重，历史感强。

在长城小说发展过程中，一些特定的历史人物、历史事件不能忽略。比如修筑长城的秦始皇、盛极一时又功败垂成的李自成等。尽管秦始皇不是修筑长城的第一人，也不是最后一人，但是他与长城有着不解的渊源。谈到长城，都会想到秦始皇，甚至秦始皇在孟姜女传说中也占据重要地位。所以，王占君的《秦始皇》、毛颖的《大秦帝国》分别讲述了秦始皇的辉煌与颓败，而修筑长城，在书中也有阐释。李自成与长城的联系，恐怕要数兵败山海关这两段。天赋异禀、器宇轩昂但又刚愎自用、盲目轻敌的李自成将吴三桂看成唯一的敌人，却没有想到螳螂捕蝉，黄雀在后，吴三桂带着清兵在山海关大败李自成，自此，闯王开始走下坡路，不久便兵败身死。老农的《李自成》，真实地反映了李自成的一生，并对其进行了历史的、公正的评判。无论是年幼时的禀赋异质，还是青年时饱受爱情创伤，还是其成为农民领袖的王者气概，都予以了详细描绘——一个器宇轩昂、气势恢宏但又刚愎自用、骄傲轻敌的王者形象尽展于读者面前。《大顺帝李自成》则为读者展示了血肉丰满的闯王形象，李建侯赞赏李自成的个人品德，他认为李自成是一个不贪财好色、光明磊落、有豪杰风度的人。姚雪垠创作长篇历史小说《李自成》之前，也曾带人去往米脂县抄录此书，以帮助自己的写作，足见这部小说的影响力。这些历史人物、历史事件为长城小说增添了几分历史感、厚重感，是长城小说内涵的延伸。

综观此类小说，民间故事、历史人物与历史事件作为小说载体突出了历史真实性，展示出我国传统文化的积淀，突出了民族特色，彰显了民族精神。另外，部分小说在细节处彰显社会大背景以及当时民众日常生活，显示出一定的现实意义，具有一定的文学、史学价值。

李　自　成

有关李自成的故事，史学家悉心考证，文学家肆意发挥。每位作家内心的闯王都不一样。1997年，老农的《李自成》上、中、下三卷本由红旗出版社出版，再次展现了这位传奇人物的一生。

小说的主人公即历史上著名的农民革命领袖李自成，他幼名李鸿基，生于陕西米脂县一个农民之家。他少读私塾，后因家境贫困而辍学，被舍入寺院，辗转为地主放羊，小小年纪饱尝艰辛。不久，仗义的李自成因自作主张杀羊济贫而被主家毒打，危难之际为江湖人士罗君彦所救。自此，李自成拜其为师，随罗前往延安府学武。数年后，李自成打抱不平杀死了一个恶绅而身陷囹圄。但他命不该绝，适逢明熹宗即位大赦天下，李也因此而躲过一劫。出狱后，李自成做了一个驿卒。然而命途多舛的他，遭到了债主逼债、上司欺压，加之陕西连年天旱、赤地千里、饿殍遍地、民不聊生，各路义军揭竿而起，种种天灾人祸，天意或偶然，李自成终于被逼上梁山落草为寇。从此登上了中国的历史舞台。

起初，李自成率领的义军人少势孤，但李自成凭其机警聪明、组织有方，虽历经火拼之变、围剿之难，义军队伍最终在关中站稳脚跟并逐步壮大了力量。李自成后来率军投奔当时声势浩大的王嘉胤，与各路义军歃血为盟。年轻有为的李自成在百二秦关驰骋，于刀枪剑雨中迅速崭露头角。他攻占大宁，继攻石楼、寿阳、泽州，连连得手，一时间声名大振。待到高迎祥继任义军同盟盟主之时，

连环画《李自成起义》封面，李世南等绘，
人民美术出版社1977年出版

李自成已经是义军中不容忽视的“闯将”了。李自成的戎马生涯中亦不乏儿女情长。一次兵败，他和高桂英身陷谷底，二人在谷底朝夕相处数日。在高的照料下，李自成的伤势好转，二人也因此结下了情缘。

崇祯六年，义军联盟被围困于林县、武安、涉县之间，委实是进退两难。三股明军奋力合围，眼见义军渐成困兽，李自成采纳了军师的计策同义军各位头领以受抚为幌子拖延时间。及至冬天，义军抓住时机突围，渡过了冰封的黄河。此番突围后，李自成痛定思痛，开始反思军队的建设。李自成早想建设一支核心的精锐军队，于是在摆脱了官军的围追堵截后加紧操练兵马，将他改造义军队伍的计划付诸实施。可就在李自成的军队战斗力大大提升的时候，明军在卢象升和陈奇瑜的督率下再度气势汹汹地合围义军。高迎祥、李自成、张献忠因受威胁剿

杀，渐渐合兵一处。他们依靠义军的灵活机动摆脱了危险至极的合围。但在撤退的途中却因不谙地形而误入车厢峡并惨遭陈奇瑜的二度围困。谁知祸不单行，老天又连下四十天阴雨，军中不少人生病，战斗力也削减了许多。此刻的义军几入绝境。李自成听取了部下的建议诈降，于是形势柳暗花明。义军绝处逢生，再一次大难不死。不到三个月，陕西汉中一带，又是一片烽火连天的景象。

经过两次重创，李自成的队伍愈发坚忍不拔、勇猛剽悍。经过两次危难的洗礼，吸取了铁与血的教训后，李自成更加沉稳老练、处变不惊，其运筹帷幄大有帅才

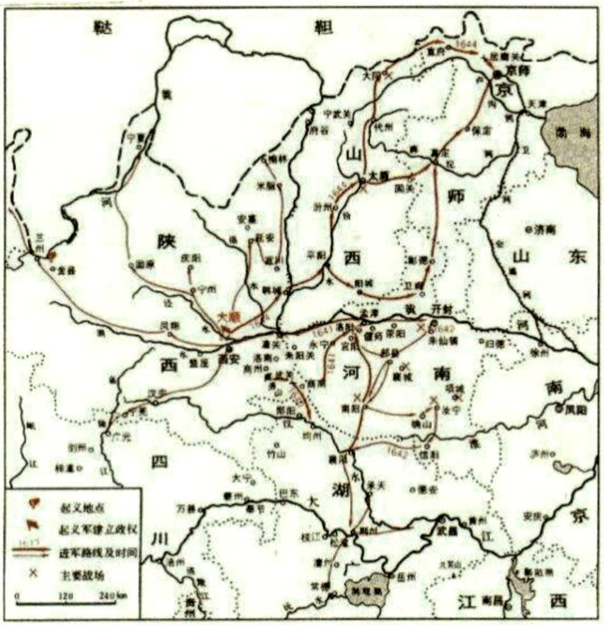

李自成起义图

的风范。车厢峡突围后，李自成喜得一员威猛虎将刘宗敏，又与高桂英结为夫妻，可谓双喜临门。之后迫于形势，义军转战河南，所过之处势如破竹。就在这时，张献忠率军攻入凤阳，毁坏了皇家陵寝震动朝野。崇祯大怒，限令六个月荡平贼寇。洪承畴奉旨讨贼。李自成由豫入陕，出终南山，北渡渭河，游动于西安以北富平一带。而后游击于豫陕之间，大胜明军总兵曹文诏，迫使曹兵败被杀。不料祸起萧墙，李自成的一个部下变节降明，给义军带来很大的麻烦，好在只是有惊无险。不久战于河南的高迎祥被出卖遭明军俘虏，义军大震，锐气受挫。李自成洮河一战死伤惨重，于是转入四川作战。在明军协作围剿的逼迫下，李自成在四川仍旧像丧家犬一样东逃西窜。他率军匿迹山林，不料天降阴雨，军中缺粮少食，士气不振，李自成忍痛割爱，手刃自己的战马以飨战士。熬过了凄凉之境，李自成得以和张献忠汇合。岂料张献忠仗自己兵多将广想伺机吞并李自成的队伍。李自成得到了消息在张献忠动手之前率军撤退。崇祯十三年，李自成一度被明军困于鱼腹山中，人马不过几百。这期间，李自成甚至有过自杀的念头。但天生的反叛和执拗的个性支撑着他不屈不挠地坚持下去。

李自成在鱼腹山之劫后便时来运转，元气恢复，东山再起，又得牛金星、宋献策、李岩等人的辅佐更是如虎添翼。他再度攻入河南，无坚不摧，所过州县甚至洛阳一触即溃。在这期间李自成三围开封，声势一天大过一天。李自成陷洛阳，围开封，攻襄阳，取荆州，定鼎襄京，建立了农民政权。李自成躲过了大明锦衣卫的暗杀后，经过艰苦卓绝的斗争，一路向西，终入主西安，建立了大顺政权。李自成厉兵秣马，挥师东进，渡黄河，由陕入晋。晋地百姓直呼“迎闯王，不纳粮”。一路上，李自成严令军卒，整饬军纪，大军势如破竹，摧枯拉朽，仅用了一个月的时间便攻到了京师。不日便攻破京师，崇祯帝煤山自缢，堂堂朱明王朝瞬间土崩瓦解。李自成也因把中国最后一个汉族封建王朝送上西天而垂名青史，达到了自己人生的辉煌顶峰。

李自成入定京师后被胜利冲昏了头脑，日益骄横自大，得意忘形。他治军不严，纵部下贪污受贿，任兵卒烧杀掳掠，北京城人心惶惶。适逢刘宗敏将军明抢并凌辱明朝关宁军统帅吴三桂的爱妾陈圆圆，而且刑拷吴父。李自成禁不住诱惑以进宫“休养”之名抢占了陈圆圆。如此一来，吴三桂怒发冲冠，他据守山海关，讨伐李自成，同时暗地里向清摄政王多尔衮借兵以期彻底击败李自成。李自

成率几十万大顺军东抵山海关和吴三桂针锋相对。吴三桂征召山海关当地百姓冒充士兵，按照关宁军的建制驻守十三营以诱敌深入。李自成不知是计，率大军一鼓作气拔下这十三个营盘，越过了吴三桂的第一道防线，之后长驱直入，兵临山海关下。山海关北依燕山，南临渤海，易守难攻，自古就是兵家必争的锁钥之地。吴三桂凭关据守，抵住了李自成大军的第一波攻击。李自成一时竟无可奈何。后来吴三桂出关迎战，与李自成大战于西石河一片石。双方十几万人从早战到中午，锣鼓喧天，喊杀不绝。待到李自成的大顺军快要精疲力竭的时候，早就严阵以待伺机而动的清兵突然加入战斗。李自成一时间手足无措，其军队早已体力不支，又遭逢突变，军心大散，兵败如山倒。大顺军狂退五十里，关宁军和清军狂追五十里。被逼无奈，李自成签订了“永平盟约”。也正是山海关之战，彻底地改变了明亡后形势。李自成和吴三桂皆因此战留名历史，然而山海关却是李自成盛极而衰的转折点。此后，他开始走下坡路。李自成退至北京没有多久，吴三桂便和清军掩杀而至。大顺军士气低迷，关宁军和清军兵威正盛。北京不守，李自成弃城败走，一溃千里。李自成率军回撤西安，返回秦中根据地。不料，他中途听信谗言误杀忠良，上下将士甚为寒心。于是不少大顺军和其中的明朝降兵降将有了骑墙之势，接连有许多人投降清兵。多尔衮派三路大军攻向西安。李自成身陷内忧外患之中，无力回天，只得率大顺军沿湖广一线溃逃，最终身死湖北九宫山。一代枭雄李自成就这样在入定京师一个月达到空前之势后，瞬间情势急转直下，兵败身亡，大顺政权灰飞烟灭。李自成退出了历史的舞台，沉入了历史的黑洞，成为明清之际一朵惊艳的昙花。

《李自成》第九卷：兵败山海关

姚雪垠（1910—1999）

《李自成》是姚雪垠的著名长篇历史小说。初版共分五卷，约230万字，以写明末的农民战争为主，另外也写了中华民族内部明、清之间和清、大顺之间的民族战争，刻画了不同阶级的代表人物和生活画面，以及各阶级、各集团之间的错综复杂的矛盾关系，展开了色彩缤纷的历史画卷。小说以明末李自成领导的农民起义军由弱小变强大，转败为胜推翻明王朝统治、抗击清军南下为主要线索，多角度、多侧面、多层次地再现了明末清初风云变幻的历史风貌和农民起义军从胜而败的悲剧结局，揭示了农民战争和历史运动发展的规律。这部书出版后深得读者好评，荣获首届茅盾文学奖。1999年8月，中国青年出版社将原有的五册分为十册，每册单独命名，其中第九册《兵败山海关》即以长城重镇山海关为背景写成。

小说首先从重镇山海关开写。从三月十六日到三月十九日，吴三桂的人马和从宁远撤退的百姓进关，百姓不能在临榆这样的弹丸小城停留，需要在山海关内暂时安顿。吴三桂是十六日到的山海关，十九日到了永平府。皇上催他赴京勤王。他怕进退两难，一面向永平进发，一面不断探听北京消息。十九日下午得到消息，唐通十六日在居庸关投降、李自成十七日晚到了北京，猛攻北京。勤王人马就只剩下他一支了，变成了孤军。吴三桂决定火速进兵，解救北京。二十日下午大军到了玉田县，得到消息，皇后自尽，皇上和太子不知下落。立即召亲信大将商议，最后决定向多尔衮清军借兵，帮助消灭贼人。

李自成知道吴三桂的重要性。为了争取他的投降，将举行登基大典的日期一再推迟，并且派遣唐通和张若麒携带白银、黄金，还有吴襄的一封书信，来向吴三桂劝降。唐通和张若麒是吴三桂的熟人，虽然投降了李自成，但对大顺怀有二心。他们想趁此机会探明吴三桂的真实思想，也好为自身预作打算。吴三桂心中坚决不投降李自成，但考虑到自己的家人都在李自成手中，所以用计回了唐通和张若麒，让他们先对李自成拖延一些时日，并没有表示自己坚决不降的意志。

四月初四，距大顺皇帝登基还有两天，正在进行最后一次演礼。朝中对登基大典十分重视，但大顺军在京城纪律败坏，很是不得民心。但罗虎的军队驻防通州，军纪严明，李自成封罗虎为潼关伯，并赏了一处住宅。京城中出现了无头揭帖，而且大顺军在京城奸淫掳掠，名声也是非常不好，失了民心。又担心吴三桂不肯投降，这令李自成心里对自己的江山能否坐稳有所顾虑，情绪沉重。唐通和张若麒已经从山海关回到京城，李自成急忙召见。张若麒谈到吴三桂确有投降之意，但关宁将士人数众多，誓不投降。吴三桂希望皇上能宽限几天再作商议。李自成一听，明白是吴三桂的缓兵之计，是他在等清兵南下。

李自成召见了罗虎和费珍娥，费是明朝的宫女，是个大美人。他把费赏赐给罗虎。而费珍娥也不是一个简单的女子，她是崇祯的宫女，深深地爱着崇祯皇帝。当日崇祯亡国，她的姐妹都投河自尽，而她没有，她有着自己的打算。她要等李自成召幸自己的时候刺杀他，为先帝报仇。现在李自成对罗虎说要给他赐婚，可见对罗虎的重视。这时李自成收到了吴三桂寄给父亲的家书，家书上写着自己坚决不会投降，令他很烦闷。他决意尽快出兵讨伐吴三桂。为求安心，他让宋献策为此战卜卦，谁知竟是一凶卦。李自成心怀忧虑，心思沉重。

李自成将为罗虎赐婚的事告诉窦妃，让她为费珍娥多操点心，多给些赏赐，而聪明的她也知道了皇上要御驾亲征向吴三桂出兵了。罗虎的婚期到了，费珍娥出嫁这天，她已决定，既然杀不了仇人，但也可以杀了仇人的大将。洞房花烛之夜她将罗虎刺死，然后悬梁自尽。罗虎一死，东征的计划就要变动，补救之策，唯有一边大军东征，一边用太子与吴襄作诱饵，对吴三桂继续行招降之策，力求将干戈化为玉帛。在炮声中，李自成起驾，明朝的太子、永王、定王，还有吴襄，骑马跟在背后，开始东征之行。

三月三十日，多尔衮得到探报，李自成于三月十九日攻破了北京城，崇祯皇帝下落不明。明朝前臣洪承畴心中悲痛。四月初一上午，诸王、贝勒、贝子全体文武大臣齐聚大政殿，商议出兵南征大事。因为豪格是皇太极的长子，多尔衮废长立幼，豪格心中根本不服，多尔衮也视他为心腹大患。借商议国事之机，多尔衮当着众人的面把豪格贬为庶人，小皇帝福临对兄长之变心中也很害怕。

四月初八上午，福临正式册封多尔衮为摄政王。初九就率领多铎等将领正式出征南下。由于山海关无法通过，大军离开盛京后向正西方向走，然后再向西南。从蓟州密云境内找到一两个口子进入长城，占领一座城池稍事休息，再谋进攻北京。不久吴三桂派的人带着借兵的密书见到了多尔衮，多尔衮答应出兵，但要求吴三桂投降清朝。吴三桂一面部署在西罗城之外与大顺军殊死鏖战，一面将胜败前途寄托在满洲兵能够及时进入长城、抄大顺军后路，使之腹背受敌。但他不想投降满洲，依旧想重建明朝，扶太子登基。得知多尔衮正在奔向山海关，他明白复明几乎不可能，自己也将成为勾结满洲的罪人，但当下的形式，他别无选择，只能走一步算一步。

离开北京的第一天，李自成到了通州。刘宗敏和李过率领大约三万人马继续向密云前进，大顺皇帝的御营和第二批三万人马则在通州停留一夜。北京城内也很不安宁，李自成现在对自己东征的信心也有点动摇，预感到很

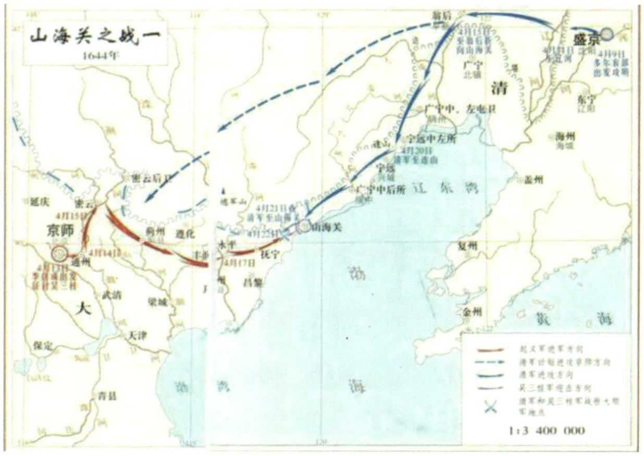

1644年李自成起义军与吴三桂守军、
清军在山海关交战

可能出兵不利，身上的担子沉重，但大军已经出动，没有回头的余地。得知吴三桂已经向多尔衮借兵，情况更加严峻，宋献策冒死进谏阻止东征又被拒绝，于是日夜商讨用兵策略。李自成对北京城内的事宜做了一些安排。又让大将来支援自己。

四月二十日，将近六万的大顺军骑兵先到了石河西

岸。此时，吴三桂也带着杨坤等人站在城头瞭望。面对强敌，他已经胸有成竹，毫不害怕。多尔衮率领南下大军，正向山海关迅速前进，知道吴三桂就要和李自成开战，只要吴三桂能顶住李自成的进攻，一天之后，他的八旗兵就会突然在战场杀出，战败李自成，不日即可进入北京。

石河大战的战场在今长城九门口段一带

四月二十一日黎明，鼓声响起，驻扎在远处的将士迅速向石河西岸靠拢，集中在红瓦店周围。天色已经大亮。石河滩东西两岸开始响起鼓声、炮声、喊杀声，声震大地。关宁兵部署在石河东岸的有两万多人，步骑全有，掩映在稀疏的林木之中，西罗城中留下了一万多人，随时可以出战。吴三桂知道大清兵很快就到，与李自成的决战是在明天，所以他没有投入过多兵力，只是要挫败大顺的锐气。李自成退兵之后，军师宋献策观天象，看见了不利于自己的“白虹贯日”，李自成心中对于明日之战很是担心。

多尔衮大军到达山海关，与吴三桂汇合。四月二十二日，多尔衮与吴三桂部署精密，多尔衮埋伏在西罗城北边和南边的两万多精锐骑兵，李自成丝毫也没有觉察。太阳升高了，双方鼓声震地。大战开始，大顺军死伤惨重。吴三桂倚仗人马多，坚持不后退。刘宗敏已经被敌人包围，战局已定，李自成知道无法挽回，由他的属下掩护撤退。大顺军溃不成军，李自成仓皇逃走。这是决定李自成命运的一天，也是决定中国三百年历史命运的一天。由此，一代枭雄李自成建立的大顺王朝开始走向灭亡。

历史小说究竟该怎样去写，是忠于历史，还是有所僭越，永远都是有争议的。在姚雪垠看来，历史与小说的关系应当是“深入”与“跳出”的关系。他认为历史小说应当是历史科学与小说艺术的结合，但要想结合得完美，必须首先做到对历史的深入了解。李自成所处的那段历史现在已有定论，首先肯定的就是李自成领导的农民起义于1644年推翻了明王朝，但随后辉煌逐渐覆灭——四月多尔衮率清兵入关，大顺王朝不敌清军一路溃败，李自成本人在逃亡路上死在了九宫山。不过历史终究没办法描述过程的细节，这其实就是小说家们“跳出”的机会。《李自成》以多角度的小说布局，用一系列的细节描写将复杂的人物语言、心理、动作等刻画出来，形成小说与历史的一种张力。

姚雪垠在写作《李自成》的过程中，付出了太多太多，这是一位非常勤勉的作家。他自己曾说过：“许多年来我没有假日，没有节日，不分冬夏，每日凌晨三时左右起床，开始工作，每日工作常在十个小时以上。”甚至后来因写作过于劳累突发中风时，他还说要起来写《李自成》，不然写不完，对不起读者。因此，我们有理由相信，即便现在小说的写法多种多样，即便各种“主义”大行其道，《李自成》依然是不可埋没的优秀的历史小说。

帝国雄关

山海关被誉为“天下第一关”，是中国历史上知名度最高的关城之一。1644年，以山海关为争夺中心，各方势力的刀光剑影在此拉开了中国历史上明亡清兴大变局的序幕。崇祯、多尔衮、李自成、吴三桂等风云人物纷纷登场，他们爱恨莫辩的情感纠葛、是非难断的命运抉择，构成了诡谲难测而又充满变数的历史时刻…… 大明王朝的浊暗、满清铁骑的骁勇、大顺政权的仓皇，在帝国雄关的夕照中交织成一幅精彩的画卷……

《帝国雄关——1644年风云局势中的山海关》作者刘剑开创全新的写作角度，以1644年的山海关为书写对象，串起了一个个诡谲难测而又充满变数的历史时刻。从严格意义上讲，这是介于小说与历史之间的一种独特文体，作者将小说笔法与历史真实完美融合，对人物的命运进行全景展示，尤其对官场政治、战争着墨最多，并加入对当时政治经济制度、人伦道德的评述。书中提及的帝国雄关山海关，曾经固若金汤，如今在瞬间门洞大开，

山海关在明代曾扼守从东北地区进入中原腹地的交通要道，人称“两京锁钥无双地，万里长城第一关”

纠缠在这里的人和事，他们的悲伤与喜乐、命运和抉择，演绎着一段惊天动地的历史。

故事从公元1644年的春天开始，李自成的军队已经抵达北京城外。此时，由摄政王多尔衮领导的满清军队也准备开拔。当李自成的军队抵达北京城下时，在山海关，明朝的吴三桂将军带来了关宁铁骑。此时的北京城内，崇祯皇帝朱由检把希望寄托在了吴三桂和他的关宁铁骑身上。他不断发信给吴三桂，加封他为平西伯，要他弃宁远，不顾关外大敌满清的威胁，来京觐王。宁远，距山海关二百里左右，也是明朝的辽东军事重镇。此时放弃宁远，不但意味着放弃关外大量的土地，同时也放弃了当年“辽东三帅”开创的宁锦防线。

山海关，在当时被世人称为“天下第一关”。由关外到关内，山海关就像一把巨锁，给从东北进入华北的要道上了保险。“两京锁钥无双地，万里长城第一关”之名也就由此而来。山海关由明初的大将军徐达修建，后又经过几代的重修，已经形成了一整套严密的军事防御体系，为明王朝建立了几乎是坚不可摧的防线。

崇祯皇帝朱由检，生于万历三十八年（1610年）。明熹宗——天启皇帝朱由校突然死去，他才拥有了机会。崇祯成功地扳倒了败坏朝纲、破坏国运的魏忠贤。但是他后来复信宦官，在他执政的十七年里，明朝不仅没有中兴，反而亡国。崇祯的悲剧，揭示了中国封建历史上的一个悖论式的规律——愈要集权，愈要溃败。明王朝的混乱朝政，直接造成了明朝中后期内部最大的社会问题——流民现象。在这样的社会背景下，英雄李自成迅速崛起，走上起义的道路。

面对起义，崇祯逮捕了三边总督杨鹤，勇将曹文诏也被逼自杀，害死陈奇瑜，农民军在崇祯“相助下”，去了劲敌，势力愈大。崇祯九年（1636年），洪承畴进入正面战场，连败义军，为此李自成提出化整为零的战术。此时农民军内部出现分歧，张献忠、李自成结仇。接着崇祯重用了杨嗣昌为兵部尚书，主战场以总督洪承畴和

小说《帝国雄关》封面，刘剑著，百花洲文艺出版社2007年出版

陕西巡抚孙传庭对付李自成，辅助战场由总理六省军务的熊文灿对付张献忠，眼看义军败局已定。但此时崇祯采用了兵部尚书杨嗣昌的建议，将剿匪任务最巨的洪承畴、孙传庭撤回，拱卫京师。孙传庭怒气下称病辞官。熊文灿打败李自成的义军，还招降了张献忠。可惜，张献忠出尔反尔，又反了，熊文灿急忙采取补救措施，甚至不惜谎报军情，反而弄巧成拙，崇祯判了熊文灿死刑。之后杨嗣昌领军再次大败张献忠、李自成，更逼得李自成险些自杀。但张献忠为保存性命和实力，曾几次假降明廷，利用明廷阁臣之间的矛盾，不费一兵一卒就斩杀了对手。李自成抓住机会，与刘宗敏等仅有的十几骑人突围出来，在河南东山再起。之后在李自成和张献忠的领导下，洛阳陷落，福王被杀，襄阳陷落，襄王被杀。

适逢河南大旱，李自成在此遇到了李信。李信为李

自成带来了牛金星、宋献策和顾君恩。成了李自成的智囊。李信劝李自成的军队不要滥杀，又提出政治纲领“均田免粮”，指导农民革命。此后为围打开封，大败失去民心的左良玉顺利占领襄阳。李自成改襄阳名为襄京，自称奉天倡义大元帅，罗汝才称为代天抚民德威大将军，并在襄阳修整，设立军事机构，任命各级官员。李自成在襄阳建立了临时政府，约定了临时的章法，他的流民军队已经走向了规范化的道路。而此时明朝只剩吴三桂的关宁铁骑可以调动。崇祯帝诏封吴三桂为平西伯，并分封左良玉、黄得功、高杰等人，命其随同一起入关勤王。然而吴三桂还没赶到，李自成就先到了北京城下。1644 年三月十九日，李自成大军开始攻城。勤王大将唐通竟与监军太监杜之秩率部不战而降，明朝败局已定。李自成的条件很简单：划分天下，赏银一百万两给他的军队，承认陕西和山西为其封国，作为条件，大顺与大明联手，抗击清军，保卫辽东。但由于崇祯性格弱点，谈判破裂。崇祯宠信的太监总管曹化淳和大顺军密谋好，北京外城全部陷落了。此时崇祯身边只有太监王承恩可以用了。崇祯的妻妾子女亲人被赐死，自此国破家亡，最终吊死在煤山。

李自成为人宽厚，有英雄之德，对朱家人宽厚，按皇子要求将崇祯安葬。却鄙视明朝百官。李自成军中百官被胜利冲昏头脑时，头脑最清醒的是李岩，他上奏章给李自成提出合理化建议，但李自成沉迷喜悦，对奏章视而不见。刘宗敏此时竟到吴襄府把吴三桂宠妾陈圆圆掠来，想强占之，这一行为彻底激怒了吴三桂。

吴三桂少年时长期活动的地方是山海关外的中后所城，此地距山海关不过一百二十公里，是明朝最重要的军事基地之一。山海关是关系中国政治命运的要塞。山海关一带成为“关里”与“关外”的分界线。山海关建成后，作为军事要地，不断地得到完善，军人政权在其中发挥着难以替代的作用。山海关作用不仅仅是打仗夺权，它还是发展经济文化商贸的渠道。山海关一带的这些狭长战线，成为吴三桂最初的军事启蒙教育的园地。吴家父子大量用辽东子弟，辽东人骁勇善战，崇尚武力，经吴氏父子严格训练，为关宁铁骑的建立打下了坚实的基础。六年时间，吴三桂由游击升到参将，再升到副将，由副将升到总兵，成为封疆大吏。然而接下来发生的松山会战，令这位少年得志的英雄最终走上了个人利益至上的军阀道路。松山会战影响了明清两国军事形势。此战之后，明朝曾经的钢铁防线彻底崩溃。吴三桂首先顾及自身利益，抛下恩师和舅舅，带军逃跑。皇太极一心想招降吴三桂，后来吴三桂有投降之意，皇太极却已经与世长辞。皇太极的第九子，年仅六岁的福临即位，称世祖，改年号顺治，由此进入了满清另一军事强人多尔衮专权的时代。

崇祯十七年（1644 年）三月初十，吴三桂率军民号称五十万众，遗弃了明朝苦心经营近两百年的宁远孤城，向山海关进发。从宁远至山海关，只有两百里路程，吴三桂在路上却整整走了五天。吴三桂在国家利益与一己利益面前，他永远会选择后者。崇祯死后，他马上回师山海关。山海关在那一刻注定要凝聚历史的风云际会。李自成派唐、白二人攻打山海关，进攻失败。李自成开始倾向招抚吴三桂。李自成又派与吴三桂交好的原职方司郎中张若麒劝降吴三桂。还命吴襄写信给吴三桂劝降。吴三桂思虑之下已决定降于李自成。可是陈圆圆的出现却令吴三桂与李自成最终反目。陈圆圆貌美，与明朝最有名的才子冒辟疆与吴梅村都曾有交好之意，但最终陈圆圆选择的却是晚明军中第一英雄吴三桂。就在吴三桂冲冠一怒的时刻，关外的满清政府同样也面临着一个关键的转机。皇太极死了，入关的机会留给了多尔衮。

明长城要塞山海关的靖边楼

皇太极在世时，推行汉化。吸取元朝亡国的教训，同时从明朝建国的经验，改变了对汉人的态度。在民事制度上，皇太极强调以农业为本，开始了走上了农耕化为主要生产来源的汉化之路。这条路不但充实了自己的国力，更重要的是征服了大多数汉人的心，对多尔衮产生了深远的影响。皇太极死后，多尔衮以极其专业的手法“做掉”了能和他竞争的济尔哈朗、阿济科等竞争对手，并与豪格之争最后以表面上的两败俱伤告终。经过漫长的等待，在孝庄皇后的支持下，多尔衮成为摄政王。1644 年，吴三桂表示愿意降清。

李自成打算亲征山海关，但在此之前他还杀了前明许多大臣，大失人心。吴三桂苦苦思索如何迎战。思前想后，他决定向满清借兵。这样，多尔衮安抚来使后，调兵遣将，向山海关出发。行军途中多尔衮写信招降吴，并故意放缓行军速度，等李自成先到山海关。面对李的攻击，没有得到多尔衮援助的吴大惊失色，写信给多尔衮，愿意拱手将山海关给清军。多尔衮加速进军，山海关已经近在眼前。此时吴三桂已将山海关全民皆兵，大顺军一到，战争开始，双方均元气大伤。在多尔衮的周密布置下，吴三桂最终降清，清军入关。

李自成想打败吴，打败清军，继续回北京做皇帝。在吴军拼死杀敌之时，清军在坐收渔翁之利。大顺军损失惨重，李自成逃走，石河一战，惨烈异常，对此战，在百姓中至今还流传着这样一首歌谣：“朱家面、李家磨，做好了馍馍，送给对过赵大哥（指爱新觉罗氏）。”顺治封吴为平西王，吴深感惊喜。

四月二十三日，第二轮战役开始，吴的军队打败了李的军队，李愤怒地将吴父亲斩首示众。在李自成登基前一天，吴三桂攻打到北京城下，李将吴全家绑到城门威胁吴退兵，吴不从，李将吴全家杀害。但最后，吴三桂依然赢了这场战争。尽管如此，坐收渔利的多尔衮不会让吴三桂进入北京，这里已经成为大清的天下。大清建立后，第一个被清算的人是李自成。他一直被吴三桂追击，最后终于逃到了西安。但此处根据地已经没了，他只能继续逃亡。逃亡过程中他杀死了忠心耿耿的李岩。此事产生的恶果难以估计，李岩的妻子红娘子已经拉起了队伍，要和李自成决一死战。接着不久，刘宗敏被杀。宋献策及李自成的叔父，也被抓获。接着又传来牛金星投降的消息，李自成已经再也没有力量重新收拾自己残破的山河了。1644年五月初，李自成逃到湖北，被当地民团所杀。这时张献忠已经在四川称帝，建立大西政权。1646年，吴三桂和豪格进入四川。战争打了一年，张献忠兵败，不得不撤出成都，转战陕西西安。在西安凤凰山上，被箭射死。

清朝终于完成了天下的大统，但接下来遭到清算的人是大功臣多尔衮。1644年，对于多尔衮来说，他打败了李自成、南明，统一了天下，还打败了和自己争夺权势的哥哥豪格。但他拥有了一切以后，日愈骄横、腐化，无所顾忌。顺治五年（1648年），在一次骑马打猎时，多尔衮从马上坠了下来，从此一病不起，迅速死去，终年三十九岁。吴三桂是最后一个被清算的人。吴三桂是清时著名的“三藩之首”，这三藩全是明朝的降将，其他两人是耿精忠、尚可喜，都为清朝统一天下立下汗马功劳。1673年，十八岁的康熙皇帝下了“削藩令”。康熙与吴三桂的战争打了五年。康熙十七年（1678年），吴三桂的军队被打退到了衡州，他急忙称帝，国号名为“大周”。不久病死。自此，“天下太平”最终由一个十八岁康熙皇帝玄烨完成了。清初康熙、雍正、乾隆三朝，统治一百三十多年，国泰民安。

清军入关后，山海关曾经成为一座彻底的废城，退出历史舞台。但山海关又是幸运的，在经历了数年的刀枪炮火之后，他落在了几个懂得珍惜的皇帝手上，竟然安然无恙。而那些曾经占有了他的人，却基本上死于非命，一个个被清算。山海关见证了太多的历史，也经历了太多的人死去。袁崇焕、熊廷弼、多尔衮……二百多年后，历史走到1933年的1月1日。榆关抗战爆发了，由此，长城抗战开始。此时全民皆兵，空前团结。随着中国人民十四年抗战的胜利，山海关也昂首进入理性的现代社会。

刘剑，《帝国雄关——1644年风云局势中的山海关》，百花洲文艺出版社，2007年2月。

大顺帝李自成

小说《大顺帝李自成》封面，李健侯著，重庆出版社 2008 年出版

《大顺帝李自成》，原名《永昌起义》，成书于 20 世纪 40 年代，是民国时期唯一的一部以李自成为背景的历史小说。在书中，作者写了关于李自成起义兴衰的始末、大明王朝的灭亡、清政权的兴起等内容，可读性较强。本书完稿后，曾送到延安，受到毛泽东的亲自审阅，毛泽东在审读之后表示出对此书的极大兴趣，同时也写信表示了自己的敬意。更重要的是，毛泽东亲自嘱托秘书，逐字抄存了这部书稿。这部著作，后来也对姚雪垠创作长篇小说《李自成》提供了很大的帮助。

故事就发生在乱臣当道、皇帝昏聩的明朝末年。全书以文言文写就，语言流畅——

话说天下大势，治久则乱，乱久复治，方其治也，则有圣明君相，应景运而生，及其乱也，则有草泽英雄，应劫运而生。

陈祖师谒语征先兆，边陲之地，王气盛，李守忠善念获佳城。祷嗣息，河岳钟求子，得子李自成是也。送文书走马符凶星，大明朝气数将尽。自成参军，送公文失号马，受申斥，心怀泱泱。兵饷不足，裁减兵卒，被淘汰。拜武师学得好武艺。杀了恃强凌弱、欺孤压寡的石右仁。自成被捕，监理禁卒高立功放走了他。自成投奔在嘉胤部下，勇略过人，嫉妒欲杀之。自成闻之，逃脱投奔延绥总兵吴自勉，东征西讨，将各处盗贼次第剿平。盗贼一伙头目各率所部投奔安塞著名好汉高迎祥，自成的嫡亲表舅。崇祯帝降旨讨贼，分道出征，连战大胜。自成砍死陕西巡按吴生族侄吴成，率部兵将投奔高迎祥，鬼神默佑，自成巧进花马洞。

正可谓“蛟龙归大海，猛虎到深山”，从此以后便翻天覆地，做出许多可敬可怕的事情。

自成与高迎祥等混合，与官兵决战，大获全胜。高迎祥称王霸三边，李自成兵入山西境，李双喜入永宁州，亲督大兵，破刘国振人马，自成亲率兵去决战，不敌，率兵退回绛州。大家决定弃山西，率人马由太行入河南，向济源、清化一带进取，俞彬、李过、罗虎三位大将大败官军左良玉。陈奇瑜奉旨固守城池，李自成一点大意，落入圈套，孤军深入，四面受敌。李自成尤得天助，乘冰渡黄河，直扑内乡，谁料内乡县知县早派人埋下大炮滚地雷，欲将自成毁灭。谁知自成天命未终，闪开了地雷，败而归。陈奇瑜师援南阳郡，自成损兵折将，贺人龙也追赶到，官兵四路来攻。无可奈何，迎祥只得率人马先回陕，自成部署兵将，人龙决战，自成中计陷于车厢峡。欲拔剑自刎，劝之。顾君恩用计脱险境，自成经此番挫折，深知用兵须讲究韬略，不可专靠武力取胜。遇总兵李卑拦路，李自成兵败走平凉。崇祯七年秋八月，自成亲督大兵进攻固原，大败固原道陆梦龙。崇祯帝接奏报，四路官兵出动，自成四面楚歌，军心动摇。牛金星献计与张献忠联络，叫他尽率所部官兵来会，两家人马一起进发，官兵全军覆没，自成声威大震，由颍州进攻凤阳，自成等连战大捷，兵入凤阳，张献忠恣淫虐，李自成与之拒绝友谊，自成等决议尽率人马，先攻西安，斩杀大将艾万年、曹文昭，洪承畴派各路官兵围攻李自成，自成大败，孙传庭周至生擒迎祥。自成回到米脂，检点部下将士，汰弱留强，简兵搜乘，收罗四方豪俊投效者，兵势复振。

高迎祥被杀，自成袭王位，该称为李闯王，入巴蜀，一路被官兵追杀，渐不支，这是满军入侵，各省官兵先后调赴京师，自成得以休兵养马，补造兵器，比及清兵退出关外，有与洪承畴官兵，败走鱼腹山，被围其中，后又脱困。李信与红娘结为夫妻，投奔自成，进忠告为自成筹得大计，自成入嵩山，聘得宋献策为军师。军师初用计破了洛阳，杀了福王，守护汴京的周王大开府库，广散积金，夹攻自成。自成被官兵杀退。又与绿林首领袁时中联合，自成声势日。崇祯闻自成祖墓占了西北王气，立传密旨查明开伐，边大受伐自成祖墓，断其龙脉。自成闻之大怒，定要杀伐墓之人雪大仇。军师献反间计，人龙死冤狱。开封久攻不下，决黄河洪水，开封一片狼藉。复商议退兵朱仙镇，兵败之。孙传庭师溃南阳城，李自成战汝宁，杀文岳等四人，杀败良玉，进入襄阳，欲一鼓攻下承天，进兵武汉，夺取献陵，其兄李振声死守承天，毫无降意，自成破成天，振声被截获。国是日非，承天失守，崇祯览奏大惊。自成兵入承天，取消闯王名号，改称大元帅，建襄京，建设文武百官，一番维新气象。然这时，其内出萧墙之祸，勾结张献忠，图谋不轨，被斩首正罪，献忠捷足先登，官兵四集，献忠弃城逃至长沙，杀熙祚，移兵取道州，杀沈至绪，其女沈云英驻守道州，献忠未能破也。李振生被自成囚禁，誓死不屈，殉难于裕州城，孙传庭新募兵，尚未编排新绪，被朝廷催着急战，无奈明知必败，还是出发去剿自成，军恩献妙策。崇祯十六年九月，自成兵入潼关，孙传庭兵败战死，自成星夜赶到前敌，尽调兵马，进薄西安。他恩威并用，纪律严明，民心所向。自成遣李过率人马修理三峰子山的祖茔，前往祭祀。祭过祖茔，遣李过等进取甘州，贺锦建立奇功，自成军队旗开得胜，马到成功。正王号，建国，追上三代尊号。自成克宁武，入宣武，进取居庸关。自成长驱直入，整顿兵马，进攻京师。崇祯帝自缢而死，李自成率兵入宫。

盛极而衰，天是不可为。自成自此霉运连连。费宫人用酒灌醉罗虎，刺杀了他。吴三桂抗命不降，自成催兵追杀，三桂连战败北，一直败退到山海关外，率残部前去降满洲。多尔衮久蓄野心，杀奔山海关，大获全胜，乘胜进兵。自成兵败回京，下诏迁都，清兵入城，从此改为大清。自成败退山西，牛金星奸计陷李岩，失潼关世耀死国难，战渭南双喜勇捐躯，自称连战大败。

观其天象，知天事不可为。遣散诸将，皈依佛门。李岩妻红娘杀奸臣牛金星，与明珠二人遁入空门。明大义争汉统，拒清兵来亨通梁。自成到夹山寺整整住了三十五年，顺治也皈依佛门，与之相遇，二人谈得十分投契。说到胜亡兴衰的事，不仅相对叹息，自成送别顺治那僧后，便觉精神恍惚，自知时日无多，交代后事，撒手而寰。

叹可谓：“漫将成败论英雄，胜负兴亡似转蓬。回首中原逐鹿客，而今事业尽虚空。”

看到上述内容简介，读者均能够感受到，李建侯对于李自成相当崇敬。关于该小说的写作初衷，李建侯在《自序》里谈到“窃叹吾乡有此不出世之伟人，而竟听其事迹湮没，莫得搜考而表彰之，时时引以为憾”，可见他对李自成是非常赞赏的。而且，凭借以往的认知，他认定李自成不贪财、不好色、光明磊落，是一位真正的大英雄。他深深地感到历史上存在的成王败寇观念，使李自成的伟大湮灭在了历史长河中，不受重视。写作这部作品，李建侯目的非常明确，赞乡里伟人，扬豪杰雄风，因此在构建写作材料的时候，他特别突出了李自成之异能伟力。从出生时的“破军星应劫下凡”，到失败时的看破红尘、遁世而去，李自成几乎被神化。不过，毛泽东一针见血地指出“此书赞美李自成个人品德，但贬抑其整个运动”，这正体现出作者历史观的局限性。封建主义的“忠君”思想和唯心主义的历史宿命论，构成了作者历史观的主要内容。作者对历史资料的选择、推衍和为展开故事情节而融入的种种虚构成分，都受制于这种陈旧的历史观。

尽管有种种局限，毛泽东依然十分重视这本书，他在中共七届二中全会上，引李自成的教训为戒，向全党发出了警告，告诫所有共产党人，不要在胜利后被资产阶级的糖衣炮弹击溃防线。这也从另外一个角度体现出李自成以及关于他的作品在中国历史前进道路上不可替代的作用。

李健侯，《大顺帝李自成》，重庆出版社，2008 年 10 月。

书 写 抗 战 的 长 城 小 说

长城小说内容最为丰富的部分，就是战争军事题材的作品。这部分小说集中书写了长城沿线及周边抗战的题材，内容丰富，将战争场景真实再现，具有强烈的震撼力。

发生于20世纪三四十年代的抗日战争以及解放战争，是中国近代以来最为重要的战争。从那时起，以抗日战争、解放战争为题材和主题的文学创作开始兴起，并且长盛不衰。因此，以长城沿线战争为题材的抗日战争小说、解放战争小说构成长城小说的重要组成部分。此类小说大多展现了不同的个人命运、家族记忆和民族国家想象。长城在小说中既是背景，又是民族精神的象征。该部分主要介绍了柳杞的《长城烟尘》杜鹏程的《长城线上——周大勇和他的连队》等小说。小说再现了战争年代我军战士在长城沿线奋勇杀敌的故事。我国军民同仇敌忾、保卫家园的壮举震撼着无数读者，长城的精神意义被放大，民族精神在小说中得以强化。

第一，从内容方面来看，军事小说的表现对象主要是抗战或者是与抗战有关的一切军事生活中的人以及人的命运和人的心灵世界。而长城军事小说普遍通过长城沿线抗战情况的描写，赞扬我军战士不怕牺牲的奉献精神，歌颂军民感人至深的鱼水深情。

小说《长城万里图》第一部《南京的陷落》封面，周而复著，人民文学出版社1987年出版

战争无论是对一个人，还是一个民族、一个国家来说，都影响巨大。可以说，战争同国家的命运息息相关，由战争引起的动荡可以改变一个人甚至一个国家、一个民族的命运。在人类漫长的历史发展过程中，战争或者军事生活从某种意义上来说已经成为推动历史前进的主要力量。首先，作为渺小的生命个体，人类具有对温馨、恬静的和平生活的永久的期盼；其次，对权力、财富无止境的欲望使人们打破和平，通过各种手段去获取自己想要的东西。对

于一个民族或国家来说，如果其欲望不能通过正常的途径来获得的话，统治者便只有诉诸武力，以武力完成对另一个民族或国家的征服与掠夺。

对于战争的痛斥在很多长城军事小说中都有提及——痛斥侵略者日本帝国主义给中华民族带来的伤害，观照战争中奋勇杀敌的英雄和战火中颠沛流离的老百姓。周而复的《长城万里图》详尽地描写了抗日战争的全景图，虽然并非完全是长城沿线抗战情况的书写，但由于其全面的描写，公正的评判，意义深远。

《长城万里图》以世界反法西斯战争为背景，以国共合作并结合世界反法西斯战线进行抗日斗争为主线，以敌、我、友三方高层领导人物为主要人物，全景式地展示了中国抗日战争中的多幅画面，并反映出从“战略防御”经“战略相持”到“战略反攻”的发展变化。全书揭露了日军的侵华罪行，歌颂了中华民族艰苦卓绝的抗日斗争，再现了中国社会纷纭复杂的矛盾，描绘了国际间变幻莫测的风云，尤其侧重描写重大事件和重要的政治、战略决策过程。在小说中，周而复以细腻真实的笔调描写了“南京沦陷”“淞沪保卫战”“平型关大捷”“台儿庄战役”“长沙失守”“桂柳战役”，以及重庆、武昌、延安、上海等地各种政治力量的分化组合，成功地塑造了毛泽东、周恩来、蒋介石、汪精卫、裕仁天皇、近卫文麿、东条英机、冈村宁次以及罗斯福、斯大林、丘吉尔等高层人物形象。作品中披露了不少鲜为人知的史实，并有作者对历史的独到见解。小说第一部《南京的陷落》以蒋介石主持召开庐山会议开始，写到南京陷落，展现了抗战初期的历史画面，历述国共谈判、平型关大战、八百壮士守四行、上海失守、南京大屠杀等，具有较强的文献意义与认识价值。第二部《长江还在奔腾》展现的是南京陷落到武汉失守这一历史时期的真实画面，依次写到日军进犯中原、台儿庄大战、徐州失守、武汉失守等。分别描写国共双方，一在主战场浴血奋战，一在敌后开展游击战争。第三部《逆流与暗流》描写从武汉失守到蒋介石发动第二次反共高潮这一时期的历史画面，依次写到长沙大火、汪精卫成立伪政权、平江惨案、涞源战役、蒋介石与日本暗中议和、罗斯福反对与日媾和等。第四部《太平洋的拂晓》展现的是1940年下半年至1941年年底的历史画面，主要写皖南事变和日军偷袭珍珠港，描绘东京皇宫中酝酿侵略阴谋和太平洋战争始发。第五部《黎明前的夜色》从珍珠港事件爆发后，美、英、中对日宣战写起，历述太平洋战争迅速扩展，世界反法西斯阵线形成，中国远征军入缅作战。日军对华北、山东敌后残酷“扫荡”等。止于1943年年底罗斯福、丘吉尔、蒋介石巨头举行开罗会议。第六部《雾重庆》描写从开罗会议到东京御前会议决定日本无条件投降这一阶段的历史画面。主要写汉奸汪精卫病逝日本，斯大林、罗斯福、丘吉尔在雅尔塔举行高层会议，民族矛盾因日本投降而下降，国共矛盾上升，止于毛泽东应蒋介石邀请飞赴重庆进行和谈。整体看来，这部巨著视野广阔，结构宏大，史料丰富翔实，如史诗般波澜壮阔。长城在小说中已经不仅仅是战争沿线的军事防御工程，更成了支撑中华民族精神的载体。

柳杞的《长城烟尘》描述了我国北方古战场涞源的战争情况。这是内长城西部边缘重地。白石山上的长城成为小说的发生背景，并被塑造成民族精神的凝聚。作品人物形象的塑造真实可信，虽然对敌人的漫画式的描写有失真实，但总体看来故事是在真实的历史轮廓和线索下进行的，具有较强的艺术感染力。王存礼的《血战山海关》更展示出军事重地山海关在抗日、解放战争中的情况，虽然内容相对平板，但具有一定的历史价值。王凤翔的《血染雄关》是根据1945年日本投降时期，八路军解放和保卫山海关“两战”的史实，经过加工提炼、艺术创作而成。这部小说有广阔的历史背景，生动地再现了“三国四方”部队的战争生活，即中国的八路军和国民党军队、苏联红军、日本军队之间的关系及斗争。小说塑造了曾鸣、唐钢、马武、董辉等英雄形象；并以严谨的政治态度，刻画了国民党高级将领杜聿明、石觉等不同人物的心态变化和思维方式。

总体看来，长城军事题材类小说以长城周边大环境作为故事发生地，将长城作为情节向前推进的重要道具，描写了人民军队在抗日战争和解放战争时期将士们不畏艰险、誓死杀敌的英勇事迹。长城在小说中不仅是故事大背景，而且已经上升至民族精神的凝聚，激励着后世国人不断前进。

第二，从小说的价值方面看，这类小说的社会历史价值要远胜于文学艺术价值，一部部小说构筑了一座座丰碑，将战争风云牢牢锁定，更将民族气节发扬光大。

首先，长城军事题材的小说大多构建了中华民族精神的史诗，这是此类小说对当代文学乃至社会、历史做出的最大贡献。毫无疑问，历史的风云与民族的苦难强烈地冲击着作家的心扉，使得他们拿起如椽的巨笔，表现出时代的风云与历史的画卷。比如周而复的《长城万里图》，在书写抗战史的同时，也表现了重大的历史变革过程中民族的心路历程。以重大的政治、军事斗争作为主要表现对象，再加

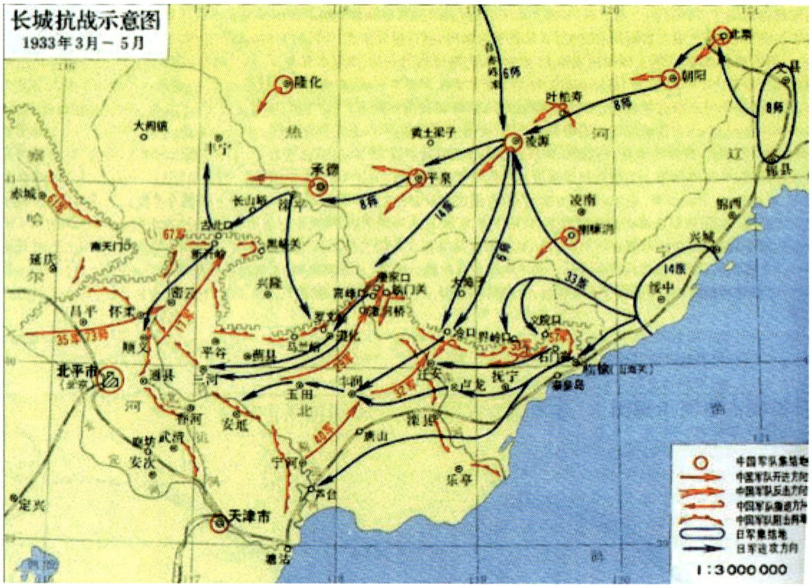

长城抗战示意图（1933 年 3 月—5 月）

上厚重的长篇体例、深切的情感，使小说别有一番豪迈大气与苍凉悲壮之感。这类作品由战争带来的生死引发对人类命运和人类心灵的剖析，长城在这里强化了对人类命运的思考，并作为媒介将其升华为对于民族精神的考量。杜鹏程的《长城线上》后来被收入长篇小说《保卫延安》，这是一曲战士的颂歌。通过周大勇及其所带领的连队将士在解放战争中的奋勇杀敌，读者们看到了信仰的力量；通过战士们宁可苦着自己，也坚决不去侵害老百姓的利益，更将战争中的人性光辉充分展示，读者在小说中看到的不仅是惊险激烈的战斗，更是传递在人与人之间的无界限的大爱。

其次，长城军事题材类小说善于在激烈的战争中凸显人类对自我的超越。与烽火硝烟紧密相连的遍布鲜血与死亡的独特人生体验使这类小说让人神经紧绷，但长城军事小说中独具的高尚情怀又适时地化解了这种人生体验的负面影响。正义战胜邪恶，排除万难取得胜利的喜悦昭示着爱国热情的肆意奔腾，更昭示了人类对于自我的超越。比如《杀虎口》，徐纪周在创作之初已经将其定位为英雄传奇小说。抗日战争是历史大背景，而长城重镇杀虎口是故事发生地。钱佳皓与白朗革命立场不同，命运不同，但是他们的人生目标是相同的，那就是将日本鬼子赶出中华大地。与白朗相比，钱佳皓是软弱的。他为了家人而屈服，做了伪军保安队队长。但最终，他以及他的家族全部都醒悟过来，加入到抗日队伍中。钱佳皓及其父亲老刀把子的死，完成了他们对于自身的超越。在抗战时期，如何处理集体与个人的关系，如何摆正小我与大我的位置，成了值得思考的问题。而白朗一直都是带有传奇色彩的英雄形象，他的带有正能量的一举一动，都凸显出长城军事小说的正义感。

再次，长城军事小说具有震撼人心的悲剧美，这是由军事文学的题材类型所决定的。悲剧的力量是巨大的，因为对于人类来说，战争或者是为了战争而存在的军事生活大多是不幸与苦难的根源，尤其当各种社会矛盾激化、必须诉诸武力才能解决的时候，人民群众往往是最直接的受害者。所以军事小说中很轻易就能展示战争过程中出现的英雄人物、英雄事迹，而战争中的流血牺牲特别是英雄之死更将

1934 年冬抗战时期的喜峰口

英雄的崇高与悲剧的力量融合，形成震撼人心的审美效果。

傅建文的《长城谣》书写了“九一八”之后国难当头，驻守在北大营的东北军基层士兵张仲阳和他的兄弟们从彷徨到奋起，立马横刀抗敌报国的悲情故事。战争交织着牺牲，使张仲阳们的形象越来越高大，但与之对比，张父亲张文瀚却在声色利诱之下落入陷阱。此时，家仇国恨，善恶恩仇，紧紧交织，让我们感受了一曲壮烈的长城悲歌。段景礼的《风雪娘子关》写的是赵寿山将军率师娘子关抗击日寇的史实。赵寿山是陕西户县人，是现代著名抗日将领。作者截取他兵败娘子关这一段故事，将赵寿山革命生涯中的关键性转折写出，短短的篇幅写活了一个大将军。小说的大背景是抗日，而国内的小背景是蒋介石的嫡系和杂牌部队之间关系这种中国特色的复杂局势，这造就了赵寿山等中国军人的历史性悲剧。他努力要向日寇显示中国人的勇气，要向蒋介石显示堂堂国人的正气，这反而使他落得惨败甚至失去了立足之地。残酷无情的大背景和更为多变的中国的小背景，使赵寿山最终觉醒。段景礼在这篇小说里，把纷繁复杂的关系条分缕析，使人感觉不出有任何讲解军事地图的干枯，而赵寿山的悲剧也更强化了军人的历史使命所在。在战争中，军人所必须承担以及能够承担的一切便是以坚忍的品格面对流血与死亡，这一点在大部分长城军事小说中有所呈现。

总体看来，长城战争军事题材类小说大多以宏大历史作为背景，书写抗战悲歌，小说中的英雄牵动着读者的心，激烈的战斗、流血与牺牲展现出中华民族正气之所在。但此类小说的局限性在于小说数量不少，但精品相对较少，主要问题首先在于人物性格的扁平化处理、细节处理不够到位，形象不够丰满。另外，由于对于历史真实性的追求，必定使小说的文学性、艺术性降低，这也是此类小说发展缓慢的重要原因之一。

长城线上——周大勇和他的连队

《长城线上》最初发表于《人民文学》，后被收入长篇小说《保卫延安》。《保卫延安》被认为是“我国新中国成立初期第一部讴歌人民解放战争的名著”，“我国描写现代战争的长篇小说的里程碑”。《长城线上》这一部分以真实的笔触描写了周大勇带领着他的连队与大部队失去联系，他们克服重重困难，与敌人尽力周旋，端掉敌人的粮站，最终到达边区，与大部队会合。作家在写作过程中倾尽了情感，将周大勇、王老虎、李江国等英雄人物塑造得栩栩如生。

小说以攻打榆林的战斗开始。西北野战军八月五日进到榆林前线，六日拂晓打响，东起秃尾河边上的神木、府谷县，西到长城跟无定河相交处的波罗堡，全线向敌人进攻。经过日夜的猛烈战斗，消灭敌人两个团、两个营和四个县的反动地方武装以后，西北野战军各部，纷纷向榆林城下挺进。接着，对它进行了两个通夜的围攻。我军总是夜间攻击；白天主攻部队撤退，只留少数部队坚守已经夺取的城郊阵地，监视敌人。第三天拂晓，主攻部队撤退的时候，连长周大勇率领的第一连被留下来，协同兄弟部队，坚守榆林城西郊的阵地。到了撤退的时间，周大勇带领战士们来到树下，却没看到通信员，他已经中流弹牺牲，周大勇与大部队失去了联系，他感觉失去了主心骨。但是对战士们的责任感让他一刻也没有松懈，带领大家来到了附近的小村庄。

进村后，下起了大雨，周大勇召集干部们到村头破庙中开会。他不能理解大部队撤离的命令，却明白服从命令的原则。所以他向干部们交代一定要平息战士们的怨气。马全有、李江国等干部发了一通牢骚后各自回去安抚战士们。此时的将士们淋在雨里很是狼狈，但他们抓紧一切时间休息，即便睡在泥水里也不在乎。再次上路后，周大勇怕与敌人大部队遭遇，所以带领将士们走得很谨慎，直到遇到我军的几个侦察兵，才知道应该往南走。但是此时为时已晚，天马上就要亮了，暴露行迹的周大勇的队伍被敌人追得很紧，只能且战且退。

很快，周大勇发现队伍已经陷入了腹背受敌的境况。正前方的敌人有些在射击，有些在抢占有利地形，看来至少一个团；身后的敌人有些抬上重机枪飞跑，有些在做简单的工事，看来至少有一个营。此时周大勇虽然暗暗叫苦，却没有流露出一丝畏惧，他将镇定和勇敢传达给了战士们。他让王老虎负责从后方敌人处突围，李江国则负责阻击前方敌人。战斗中，我军战士拼尽全力，一次次打退敌人进攻。班长李明玉手下的张连中想要叛逃，被他果断击毙，同志们气焰高涨，一番苦战后周大勇终于带领战士们从王老虎打开的缺口突围出来。周大勇率领战士们抢先占领了一个村子，有一个村子作依托，便可以争取时间，坚持到天黑，而坚持到天黑就是胜利。

村子里的老乡们已经逃走了，整个村子里没有吃的，也没有水。战士们只能干吃自己带的面粉充饥。很快，敌人两个团的兵力从东、西、南三面开始向村子进攻。周大勇这时凭借着惊人的毅力在指挥着战斗。他手下的将士们也都将个人安危抛在脑后。有的战士牺牲了，马上有新的战士补上他的位置；有的战士被手榴弹震晕，醒来之后马上接着战斗。这样，他们终于坚持到了傍晚。可这时敌人发起了总攻。周大勇来到马长胜带领的几个战士跟前和他们并肩战斗。敌人的手榴弹一个接一个地扔过来，为了保护连长，赵万胜用自己的身体撞开周大勇，自己却被炸成重伤。周大勇被炸得头昏眼花，但是看到马长胜带的战士和敌人扭打在一起，他的心颤动了，身上又升腾起火一般的力量。

夜里十点，周大勇带领战士们突围。除去七个伤员，还能作战的士兵只剩了四十五人，周大勇安排战士们背起伤员出发。这时，赵万胜提出与其让别人背着走，拖累大家，不如留下断后。此时，二十多个敌人追了过来，赵万胜向他们爬去。到跟前后拉响了怀里的手榴弹，与敌人同归于尽，为其他战士争取了时间。周大勇带领大家抓紧时间向西南撤退，留下王老虎掩护。王老虎边打边向西北退去，原来他想以自己和其他十四位战士的生命为周大勇他们换取生的希望。王老虎和宁金山等人与敌人展开了贴身肉搏战，他们只有一个想法，让连长周大勇带领其他战士脱险。

在王老虎的掩护下，周大勇带领战士们从东南方突围，进入一个村庄。这之前周大勇被炮弹炸伤，昏迷过去，李江国和战士们把他背进老乡的屋子。这家人正遭受着亲人死去的打击，但他们热情地接待了战士们。但周大勇担心自己的血会弄脏老乡的被子，坚决不肯上炕，老乡很感动。周大勇昏昏沉沉地发现王老虎没回来，他很担心。他一个个盘问，都不知道王老虎到底牺牲在哪里，周大勇悲痛欲绝。

夜里，周大勇带伤继续带领队伍向东南走。一路上，发现很多牲口粪以及撒下的一堆堆小米。据此推测，前方应该是敌人的粮站。周大勇一方面想要尽快脱离敌人的追击，带领队伍转移到安全的地方，另一方面，他考虑到如果毁掉敌人的粮站将给未来的战斗打下良好的基础。最终，他和战士们决定将粮站端掉。他派宁金山和宁二子兄弟去探查前方村庄敌情，二人抓了一个俘虏回来。经过盘问，才知道战斗中敌人增援榆林的整编三十六师进了榆林城没久停，又顺咸榆公路南下去追赶我军。这个村子果然是敌人的一个大粮站，因为我军从榆林城郊撤退以后，多一半溃散了，少一半准备过黄河，所以这个村子里驻的敌人很大意。周大勇及其手下经过筹划，带领队伍接近了村子。他们趁着天黑，敌人摸不清情况，杀入村中，二十

长城线上浴血抗战

分钟就结束了战斗，俘虏了敌人军官，拿足了弹药，撤出了村子。

带领部队急行军了十多里之后，他们找了个山洞开始休息。周大勇伤重吐血，却满不在乎。其他伤员换药时也是咬紧牙关。天慢慢黑下来，马全有风尘仆仆地赶到山洞里，带来了不好的消息。李江国带着一小队发现敌人后，怕周大勇他们暴露，只好顺着树林朝东边沟里走了。周大勇一面担心战士的安危，一面训斥马全有让他不要太过在乎自己的安危，一定要以大局为重。

长城边的夜里，风沙滚滚，天气冷得怕人。周大勇跟受伤的战士们，被寒冷、饥饿、疲劳和伤口的裂痛折磨着。此时，一小股敌人发现了周大勇等人藏身的山洞，开始了疯狂的攻击。周大勇带着小成、三牛等人奋力反击。敌人攻击不成，开始在洞口点火。小成为了保护周大勇身受重伤，周大勇在战斗中体力透支昏倒在地。等他醒过来，才知道三牛没事，李江国甩掉敌人回来接应他们，正好打退了敌人。在周大勇等人庆幸战斗的胜利时，他们以为已经死去的王老虎苏醒了。他不知道自己在哪里，但活下去的愿望让他奋力向前爬去。终于，他被老乡发现，得救了。

周大勇他们翻过两架山，顺着一条山沟向南走。他发现两面山上都是宿营的敌人。但仔细查看了他们行军的路线，他认出这正是通往陕甘宁边区的路，这里距离边区米脂县仅有四五里路。为了通过敌人的重重封锁，他们抓了一个俘虏，并且劝他带领队伍出境，他满口答应。这时，几位边区妇女出现在队伍前。周大勇疑心跑过去一看，原来她们抬着一名伤员。周大勇看到伤员的脸之后欣喜若狂——失踪多日，大家都认为早已死去的王老虎居然还活着。

最终，周大勇带着队伍翻过山彻底摆脱敌人，虽然伤痛使将士们的脚步更加沉重，但他们的心情格外轻松。

在《长城线上》这个作品中，甚至在《保卫延安》中，最突出、最亮眼的就是连长周大勇的形象。周大勇是一位非常富有时代感的英雄。作者塑造这个英雄形象不是从他个人的苦乐着眼，而是从解放战争的高度来表现他，从半个世纪中国人民斗争历史的角度来理解他。在他身上饱含着一种与帝国主义和国民党反动派为代表的旧势力誓不两立的顽强意志。周大勇说过“并不是每一个战士都能看见自己亲手创造的事业，可是没有英雄们的流血牺牲，阶级压迫的痛苦就不会结束，新社会就不会到来”，这句话通透且积极向上，他经常以此鼓励战士，鞭策自己。这表现出周大勇崇高的精神境界和强烈的时代精神。在这篇小说中，周大勇被置身于极其险恶的环境中，他完成任务后又与主力部队失去联系，孤军转战于长城线上，与数十倍的敌人浴血奋战。在饥饿、劳累、流血、牺牲面前，他安定众人忐忑的心，思索突围的出路，表现得睿智且顽强。总体看来，周大勇形象既光彩夺目，又真实可信。

这是一位革命时代的高大英雄，可能现在看来，“高大全”已经不再具有魅力，但其实这种红色经典形象在文学史长河中，曾经产生过巨大影响，即便是在现在，红色经典依然有其存在的价值。无论到什么时候，文学作品中英雄的能量都不应该被低估、忽视——战争的腥风血雨中，他们付出了太多太多，我们怎敢、怎能忘却！

杜鹏程，《长城线上——周大勇和他的连队》，人民文学，1954 年第 2 期。

长城烟尘

《长城烟尘》极为生动地描绘了晋察冀边区抗日根据地——河北省涞源县一次著名的抗日战役。1939年11月，涞源县的八路军第一军分区的抗日军民，在黄土岭战争中一举击毙了盘踞在张家口的伪蒙疆驻屯军司令长官兼第二混成旅团长——日本阿部规秀中将和他的九百多名官兵。在抗日战争全过程中，日本侵略军中将级军人被击毙的，只有阿部规秀一人。《长城烟尘》凭借黄土岭之战前线十天所发生的事件，生动地刻画了晋察冀敌后抗日根据地这一历史时期的斗争面貌。它既真实地展示了根据地军民的大无畏精神，又表现了以阿部规秀为代表的日本侵略者的阴险毒辣、残忍嗜杀。这部小说是作家柳杞根据自己亲历的雁宿崖、黄土岭战役而创作，因此，全书是在真实的历史轮廓和主线下进行的。它里面有血滴和泪珠，有欢笑和痛苦，有我们民族灾难的烙印，也有我们不能淡忘的英雄和仇敌。

小说发生在我国北方的古战场涞源，这是内长城西部边缘的重地，在这块宝藏万千的山区，在日本帝国主义侵入我国的战争年代里，许多南方、北方、中原的年轻兄弟姊妹都来到这里。涞源城南三十里，有一座白石山，它美丽而又险峻，左右耸立着古长城和烽火墩台，更显得雄伟壮丽——长城，是凝聚中华民族灵魂的象征！1937年秋，日本侵略军占领了涞源山城。1937年10月，一支刚从五台山过来的军队又解放了这里，这就是中国工农红军改编的第八路军主力之一。

在涞源白石山一带发生过许多次战斗，日本侵略者也曾经在这里犯下滔天罪行。日本辻村大佐是个有“修养”的军人，他爱喝酒，爱骑马，爱养狗，爱跳大和舞，爱日光浴。他把杀人当成是一种爱好，烧杀淫掠是他的爱好。他养的花用人血当养料，他养的狗能用利齿撕开人胸膛……在这样惨无人道的霸占下，中国不少十七八岁的女孩受到凌辱。辻村大佐与阿部中将（阿部规秀）是老相识，老朋

用我们的血肉筑成新的长城

美丽的长城本是守护和平的屏障

友，二人都是烧杀抢掠的老手。阿部规秀五十岁，身材高大，满脸杀气，在中国他是如禽兽般的杀人狂，可在日本时他也曾经是出类拔萃的将军。与日本将领的暴力残忍相比，我八路军军官显得睿智又豪爽。团长陈从源庄重、文雅，几乎从不发火，但他不怒自威，颇具指挥员风范。他与战士相处融洽，总能用引人入胜的故事吸引战士聆听；在战斗打响后他沉着冷静，有着惊人的判断力和果敢的作风。政委王正国出身贫寒，正直坚毅。他与团长配合默契，牢牢把握军队的思想建设。此外，还有牛青山、赵老六……这些都是我军的优秀将士。

不灰木山庄原本是个安定和谐、鸟语花香的地方，可是日本帝国主义入侵后这里发生了改变，百姓的生活日日愁云惨淡。杨白石老人就生活在这个村庄里，他的妻子去世以后，不幸和痛苦始终伴随着他——他的大儿子为了砍到悬崖间的一堆好柴不幸失足滚落摔死，小儿子长到十九岁，有一次进城卖药材便不知所踪，三个月后有消息说他被日本兵抓走，运到东北本溪挖煤去了。虽然遭遇诸多不幸，但老人仍坚持活着，为八路军提供住所，与八路军营长程万里、班长牛青山等住在不灰木山庄破坏敌人的行动，打破敌人的计划。老人本来邀请妹妹一家四口到他家住，但天有不测风云。他的妹夫方阳坡是小学教师，后来参加革命开始用教师身份掩护做情报工作，由于汉奸告密，他被抓进日本宪兵队，有消息说他已经被残忍杀害。妹妹的大女儿方巧云也参加了抗日革命工作。家里只剩下妹妹和小女儿方彩云。为了打听丈夫方阳坡的下落，她们抱着一线希望离开了不灰木山庄。回到老家后，方彩云由于美貌被伪军特务队长赵亚兴看中，他让情妇“枣儿酒”给他说媒，要娶彩云为妻。彩云对赵亚兴的行为恨之入骨，誓死不从。“枣儿酒”对彩云的美貌因妒生恨，生怕方彩云夺走她的一切，所以想尽办法让日本鬼子发现这个貌美的女子，将她早点抓走。在赵亚兴的又一次逼迫下，彩云怒极用镇纸石砸伤了他，赵亚兴勃然大怒，威胁要将她卖入日本酒馆。随后嘱“枣儿酒”看好她。“枣儿酒”却动了歪心思，一心想通过彩云“钓”几个共产党。牛青山、赵老六几人果然要搭救彩云，他们捆了“枣儿酒”，将彩云化妆成小牧童混在放羊队伍中。

1939 年 11 月 1 日，阿部规秀在涞源城的第一步军事布置已全部就绪，这是“扫荡”白石山的先头部队，部队出发分别到达插箭岭和白石山口，这两处都是古长城的要塞地区，现在是日军用来作为进攻晋察冀边区的踏脚石。出发前，他们举行了盛大的出征祝捷酒会，在酒会上，阿部与辻村踌躇满志。

在阿部规秀得意进兵时，白石山的成员正紧急动员准备迎战，民兵队长王三群背大刀满脸蒸着热气，他的全体成员几乎手里也都拿着作战的法宝，胶皮鞋底、羊蹄子、驴蹄子、狼爪子、铁锹、铁铲……在1939年的战斗岁月里这些是民兵队员最普通最平常的装备。他们用这些装备在地面上埋藏地雷——在埋有地雷的土地表面踏上动物足迹，扰乱敌人视听。就在敌人前来“扫荡”的路上，他们的碎衣烂片就会被抛到树梢上。诸如此类，各式各样的跳雷、石雷、拉火雷作战方式打得敌人措手不及，防不胜防。随后，进军雁宿崖的日军也遭到我军的伏击，程万里带领战士全歼鬼子部队，并且活捉了大佐辻村宪吉，但是特务队长赵兴亚却狡猾地逃走了。雁宿崖一战后，扮成牧童的彩云也彻底脱离了危险，她也加入了抗日的队伍。

在作战中，白石山地区妇救会的方巧云，也就是彩云的姐姐，她聪明机敏同时也争强好胜，一切工作不肯落后于年轻小伙子们，她除了发动妇女动员军事，还参加破路、割线。在游击区的名声越大敌人也就越注意她，后来敌人在游击区连续“清剿”，一定要将她抓住，要不是王老大娘的掩护恐怕已遭到敌人的毒手了。为了工作，巧云剃去了她青丝般的头发，光溜溜的，成了小和尚，这也就成了她的外号和代号。她倾慕营长程万里，也并不掩饰对他的情意，程也很欣赏她。

雁宿崖的失利使日军更加疯狂。1939年11月2日，又一次“扫荡”开始了。在白石山口、插箭岭两座古长城要塞，两路日军分途，向晋察冀抗日部队开进，他是阿部规秀的虎大员之一，把他调过来参加“扫荡”，在唐河岸上的雁宿崖进发，不管付出多大代价一定要占领迁村。赵兴亚也参与了这次扫荡。这次进军让阿部规秀倍感压力。辻村大佐全军覆没，是日本帝国的耻辱，这也是让他亲自到涞源战场督战的原因。但是，在雁宿崖引诱八路军的这支部队非但没有等到八路，反而连八路主力究竟在哪儿都摸不清楚。与此同时，我军一方也在积极思考，如何将鬼子全力歼灭。聂荣臻司令员亲自审核并批准了作战方案：留在雁宿崖一线的部队需要在敌人在银坊扑空后，协同友邻部队，从东方后侧山地出击敌人，将敌主力吸引至东方，迷惑敌人，争取时间，以便兄弟部队能够全力歼灭敌人。战斗终于打响了，营长程万里带领战士给予了敌人以沉重打击。

在战斗中，巧云带领妇救会的妇女们积极慰劳同志。不料遇到了狡猾的赵兴亚，巧云用计脱身。但彩云就没有她姐姐那么幸运了。她和另外十七个村民落入了敌人的包围圈。这些村民中，竟然有舅舅白石老人，二人唏嘘感叹命运竟然让他们在这种情况下相见。赵兴亚阴魂不散，又发现了这些人的藏身之地，他为了表功，将他们带到了阿部的面前。因为彩云扮得像个牧童，日本人就叫她同几个放羊的孩子在前面趟雷，虽然很危险，但在这样昏暗中也很难认出来。最终她在这次战争中侥幸逃出。身受重伤的白石老人也被牛青山等人救出。

接下来，牛青山、程万里、方巧云等带领的八路军与日军展开殊死斗争，黄土岭最终被我军包围，炮弹呼啸着向敌军指挥部飞去，日本名将阿部规秀倒在血泊之中，他带着事业未竟的惆怅和对家人的无比思念含恨死去。他的死对于我军将士来说却令人振奋。战斗更加激烈，特务队长赵兴亚为了躲避炮弹，跳进了王大娘家的板柜中，不料却被关在了里面，最终被俘，将士和村民们觉得大快人心。最后战斗终于取得胜利，但白石老人的伤势却恶化了。他将巧云托付给程万里，永远地闭上了眼睛。

赶走日本侵略者之后，不灰木山庄却显得格外萧条冷落，人们的心里也留下了永久的阴影。不过时间会抹平一切，生活终将恢复平静，太阳再次升起在山庄上空。

柳杞的作品和其他多部抗战小说一样，有亮点，但局限也很明显。《长城烟尘》中，亮点在于杨白石老人、程万里营长以及敌首阿部规秀等形象，作者力图使他们的性格更为丰富、真实。杨白石老人，既有抗日爱国的民族气节，又有点愚昧迷信，既热情开朗，又顽固执拗。营长程万里，年轻干练、作战勇敢，却还不够沉着。这些人物绝不是平板的英雄，性格更为复杂立体。特别是名将之花阿部规秀，他作为侵略者是狂妄凶残的，但同时，他的军事、历史知识和指挥才能的确超乎寻常。柳杞在人物上的确下了功夫，尽量避免模式化的形象塑造。

不过，如果把这些形象放入文学史长河中就会发现，作者的人物塑造依然或多或少地存在着内涵不够丰富、性格单一、缺乏立体感等不足。作者也的确不擅长对人物内心、情感世界的开掘。这也是《长城烟尘》最突出的缺点。以程万里为例，作品中为他设定了善解人意的恋人方巧云。本来情节中应当充分地展示这对战争中有情人优美的感情世界，但美好的感情却只在结尾处粗粗带过。程万里似乎除了勇敢、急躁，对于感情方面一无所知，作者也的确没有更多地提及这种美好的情感。如果究其原因，除了作者本人的因素之外，恐怕还应当反思当时的时代背景、创作环境等等。

插箭岭抗战

收复天下第一关

柳杞，《长城烟尘》，解放军文艺出版社，1962 年 10 月。

血 染 雄 关

《血染雄关》是根据解放战争初期（1945 年 8 月至 11 月中旬）“冀热辽军区部队解放和保卫山海关之战”为题材而写成的。这次战役的指挥者李运昌将军曾这样评价这次战役的重要性：它“是我党我军‘进军东北，争取东北’的关键之战，也是控制和夺取全中国的战略枢纽之战，它为党中央、中央军委确定和实施‘向北发展，向南防御’的战略方针，使东北成为解放全中国的一个战略方针和战略后方，有极为重要的历史地位和作用”。山海关是明朝中山王徐达于洪武十四年，即 1381 年，奉命修筑而成。山海关城，气势磅礴，作为军事要塞，为历代兵家必争之地。《血染雄关》一书是围绕八路军解放和保卫山海关两次战争来写的，此书共 22 章，可分为两大部分：解放山海关、保卫山海关。

解放山海关

1945 年 8 月，日本帝国主义投降了，中华民族取得了伟大的历史性的胜利。然而，山海关仍被日军霸占着拒不投降。八路军为配合苏联红军进入中国境内作战，准备接受日伪军的投降，并决定进军东北。

冀热辽军区十六军分区司令曾鸣、政委唐刚在丰润县大王庄的军区党委紧急会议上接受进军东北的任务，随

长城内外，同仇敌忾

即赶往抚宁县台头营镇集合部队。在台头营镇的十六分区指战员进军东北大会上，曾鸣、唐刚确定了“过渝关、越海阳、穿柳江、绕过敌人盘踞的秦皇岛和山海关、择九门口、出长城狭隘、直奔辽宁省绥中县”的政策。

进军东北即将出发时侦察兵在台头镇以北的树林里发现日伪军，侦察兵在火海中救出一个从山海关下来不愿为日伪军侦察我军情况而受威胁的小男孩——石矿。马武在分析战况之后改变了先遣部队的行军路线转而奔往东南直取海阳，以便在敌军之前到达海阳镇把敌军的阻击战变为我军的防御战。李德伟率兵埋伏在海阳东侧的侯范庄，成功伏击了从山海关下来欲阻击我军的日伪军。同时在海阳镇内，杨国庆化装成日本宪兵左森威一，马武化妆成酒店跑堂，在小魏、贺掌柜的帮助下炸死日军队长左田、顾问松一，智取了海阳。

部队继续前进，李德伟在日本宪兵上村的帮助下成功攻取敌人的炸药库。赵婕、杨国庆在柳江发电厂厂长石中华的帮助下炸毁柳江北街的发电厂，掐断电源，保证八路军主力的安全通过。杨国庆成功爆破柳江东街敌军的石油库。

为确保顺利进军，董辉率战士前往前所侦察敌人的兵力部署。在九门口东南的李家堡村大道上，牛二力、小姜等人以家乡发大水来此卖艺为由骗过日伪军队长小野，董辉、赵婕在涝豆洼屯褚家豆腐坊化装成做豆腐的，在日军伙夫老张头那儿了解到日军已撤回山海关，而前所只剩四百多个伪军。这一消息为八路军拿下前所作出贡献。

张海山、赵婕化装成卖烧饼的父子将通牒令送往伪军部队，伪军头目贾伟仁看后欲与八路军谈判，董辉接受女共产党员张海兰的建议，决定在勾百中的大院里与敌军谈判。海兰在放哨的时候遇到日军小队长小野，为保证谈判顺利进行，她将其引入自家中，而自己却身陷困境，还好董辉、张海山等人及时赶到并将其救出。董辉等人与胡三、李四顺利进行了谈判，胡三、李四接受董辉意见，宣布投降。次日在村西，贾伟仁在投降书上签字，董辉等人仅以九人之力就在大部队赶来之前智取前所。

在前所东八路军热烈地迎接了苏联军队，两军挥师山海关。由于日军紧闭城门不与中苏联军和谈，所以中苏联军决定强取攻城。董辉等人化装进入城内以摸清敌人的城防部署，找出薄弱环节。在城内碰到了有报国之心的日伪军头目权报国、周二狗，董辉将其说服，攻城时来了个里应外合，成功地攻取天下第一关，并杀岗三太郎，俘获众日伪军，摧毁设在天下第一关城楼上的“中日联合指挥部”，继而进入城内攻下敌军最后一个指挥机关——“伪临县政府”。至此，山海关成功解放。

保卫山海关

成功解放山海关后，李运昌奉命继续进军沈阳，经过重重磨难取得前来阻挠的苏军的信任，然后进军沈阳故宫东部的小河沿师范学院。在沈阳，在地下党人张进的帮助下我军端了伪满警备司令部的老窝，对沈阳实行军事管制。但在决定新政府人选时我军与苏军发生冲突，苏军令八路军立即撤出沈阳，曾鸣、唐刚与苏军谈判不成，飞往延安，刘少奇同志当即确定了新的战略决策——“向北发展，向南防御”，并由朱德同志在会后与苏军代表卫斯别夫大校谈判，苏方同意八路军接手热河省锦州市，八路军成功驻扎东北。

蒋经国、杜聿明幻想从苏军手中接手东北，当他们赶往东北时却得知苏军已从东北撤出，东北由八路军占领，于是美蒋决定攻打营口，强行登陆东北。我军与国民党军队在距山海关二十米处交战，保卫山海关的第一战开始，国民党军队以败逃告终。

未几，国民党军队再次进犯山海关，第十三军军长石觉发出“通牒”，限八路军三日内全部撤出山海关五十公里。张世随、董辉前往国军驻地红瓦店谈判，谈判中张董二人拒绝撤兵，并将通牒送回。蒋军见此招无效，便攻打第二驾大山，欲造成对解放军石河前线的威胁，为国民党军攻取山海关打破一个突口。国民党军在四次反扑后占领第二架大山，但数小时后又被我军集中兵力重

长城，再一次挺立起不屈的防线

新夺回。

国民党军并不死心，石觉又对石河前线及铁路大桥等阵地进行全面激烈的进攻，但再次失败。接下来石觉集中兵力进攻首山上的二郎庙，我军因寡不敌众而失守二郎庙，直接威胁到了首山阵地的巩固，敌人占领了首山、第二架大山。幸亏石维安带四十七团三营及时赶到重新夺回首山、二郎庙、第二架大山，保住了阵地。

我军知国民党军不会善罢甘休，遂决定组织突击小分队干扰敌人驻地。我军先在五台里村切断支援黑汀村的联络和火力，灭敌十三连。国民党军再次集中一个营的兵力向八路军第十九军大石河前沿阵地进攻，但又被击退，国民党军夺阵地再次失败。

蒋介石命杜聿明重回秦皇岛向榆、锦进攻。杜组织十三军、五十二军在向石河前线全面进攻而不得的情况下，转攻我军防御较弱的九门口，几次进攻都未成功。国民党军勾结村民白广来欲夜里偷袭九门口，王辉碰见欲与白广来一起帮助国民党军的张乃芳，得知此情报。王辉率部队在周乃芳的帮助下将国民党军引致将军台并全歼。但国民党军不断往九门口增军，八路军寡不敌众，九门口告急！山海关告急！

得知山海关的紧急军情后，我军马上向东北人民自治军党委作了报告，上级党委统筹兼顾，做出正确分析和判断。为保证最后的胜利，最终决定：共产党军队撤离前线、撤出山海关、进军东北。六十四团三营留守石河阵地，二十一团一连三营留守首山，十九团一连一排扼守朝阳山阵地，几支部队同国民党军展开激战，以掩护军队主力部队向东北转移。这几支部队坚持以少战多，使得国民党军无法追击我军主力，我军最终成功转移至东北。当国民党军终于渡过石河来到我军驻地时，发现我军已全部撤离，杜聿明此时命国民党军追击我军，但已无能为力。他经过多次战役率部队进入了山海关，而我军却已撤回东北，他意识到了自己接手东北的幻想已完全破灭，那么攻下了山海关也没有任何价值。杜聿明心灰意冷，他不由想起清萧缜宣的那首诗：入时欢喜出时愁，小岭居然名两留。山川不管人间事，一任行人自喜忧。

虽然最终我军还是撤出了山海关，但军队主力尚在，东北尚在，将士们都盼望着有朝一日我军能解放全东北，打回山海关，解放全中国。

王凤翔，《血染雄关》，农村读物出版社，1989 年 12 月。

长 城 鏖 兵

窦孝鹏的《长城鏖兵》属纪实小说。作品以真实的笔触将长城周边抗战情况描写出来。文学性与历史感兼具。自近代以来，列强对中国的侵略和掠夺使中国人民受尽了欺凌和屈辱。中国抗日战争的胜利，是一百多年来中国人民反抗外来侵略取得完全胜利，获得彻底的民族解放的伟大战争。它结束了中国人民在反抗外国武装侵略中屡屡失败的历史，洗刷了自近代以来列强肆意欺压中国人民的耻辱。它是中国人民自信自强的象征，是东方文明古国重新崛起的转折点。

作品从长城抗战开始讲述。长城抗战是抗日战争的前奏曲，这段抗战史爆发于1933年，历时五个月，是日寇入侵我东三省以来，中国军队集结精锐之师进行正面抗战的第一次重大战役。这段历史记述了在东起山海关，西至独石口的千里长城线上，中国军队近三十万官兵奋勇抗敌的英雄壮举。在山海关、冷口关、喜峰口、罗文峪、古北口、南天门等激烈战斗中，涌现出一大批抗日英雄领袖，以及殊死血战的爱国官兵英雄形象。

1933年元旦，长城抗战的前奏——山海关之战打响了。日军除原驻山海关的守队、关东军的伪队以外，又对绥中紧急增援步兵三千多名，野炮、重炮四十余门，飞机八架，铁甲车三辆，坦克二十余辆，还有军舰两艘，海陆空一体出动，形成了强大的立体战。作为山海关守将的何柱国定下方针，决定把主阵地放在北戴河至界岭口东侧大山这一线。这一线可以控制秦皇岛、山海关、九门口三个方面，划分散的战

抗战时期的古北口南天门及镇守这里的骑兵旅长郑洞国

场为整体战场，易守难攻。在调整部署的同时，他按照这个防御计划积极修筑了工事和战场道路，建筑了通信网和指挥体系，对各个角度可能发生的战斗进行详细部署。

山海关之战，中国约两营官兵与现代化武装的日军激战两天，毙敌四百余人，而后敌人展开疯狂报复，大肆杀戮百姓，山海关最终失陷敌手。

日本在攻取山海关后，根据其战略需要转而西取热河。日本这次进犯，以通辽和绥中为基地，集中十万大军，辅以飞机、坦克、装甲车、火炮及八百余辆汽车，北侵开鲁，中犯朝阳，南侵凌南，从三路展开进击。

第二集团总司令张作相时上任之初，他一面电令前线

抗战时期的古北口水关

各部队进行抵抗，一面召集人马积极赶赴承德。经过两昼夜激战，双方伤亡都很大但敌人未能前进一步。但由于敌人数量上的优势和装备上的优势，中国的守军阵地最终被突破了。

日本关东军司令武藤信义在取得热河以后，计划进一步进攻冷口、喜峰口、古北口这些重要关口。古北口首先受到袭击。日军以大炮进行猛攻，接着又在战车和装甲车的掩护下，向青石梁阵地冲去。

驻守沈阳北大营的步兵七旅旅长王以哲将军把他的拳头部队一〇七师安排在了古北口，并派出一个团前去五十里外的青石梁，配以一个炮营，暂时挡住了日军的进攻。日军凭借现代化的飞机大炮轮番对中国军队进行轰击，使中国军队阵地大部分被摧毁，人员伤亡惨重。此地已无险可守，部队只好放弃青石梁，退到古北口长城沿线的既设阵地上来，继续坚守。

在古北口战事紧张的同时，喜峰口方面也紧张起来了。日本关东军第十四旅团沿凌源—平泉—喜峰口一线前进，开始了对喜峰口长城附近阵地的攻击。

撑起喜峰口半边天的是宋哲元的第二十九师。宋哲元招拢西北军在晋南的零散部队，吸进张自忠、赵登禹、刘汝鹏等人的力量编成二十九师，准备装备，并且每人配一把大刀，这个著名的大刀队大大打击了敌人的嚣张气焰。

日军在喜峰口碰壁以后，重兵西移，想从罗文峪一带打开一个突破口。张自忠将军率领广大将士浴血奋战，广大人民群众尽心尽力支援部队作战，成为军队打胜仗的坚实后盾。罗文峪激战三日，敌军伤亡三千多名，中国守军官兵英勇奋战，一千七百余名战士牺牲。

长城抗战的主要战场除西线的古北口、中线喜峰口以外，还有东线的冷口及其周围的各个小口子。冷口关几乎同时与承德在 3 月 4 日被日军所攻占，两天后冷口之东的界岭口一代阵地也相继被攻占。为此，北平军分会向商震发出了收复冷口的命令。经过几天的激战，冷口关仍在中国将领手中，日本无可奈何地把军队撤回，暂时停止了进攻。但在随后的战斗中，冷口关最终于 4 月 11 日失陷，这为敌人打开了一条突破长城防线的大门，进而导致了全部防线的崩溃。

长城抗战以《塘沽协定》的签订而告终，这标志着从“九一八”开始的日本对中国的进攻告一段落，但这并不是终点，日本军国主义对中国的侵略又进入了一个新的阶段。

窦孝鹏，《长城鏖兵》，团结出版社，1995 年 1 月。

1937年秋，八路军取得涞源东团堡大捷后，战士们登上敌楼欢呼胜利，该敌楼因此得名“欢呼楼”（沙飞摄于1937年）

现存的“欢呼楼”(严欣强摄于2005年)

平型关大捷

平型关战役中的八路军一一五师指挥所

该小说还原了平型关战役的原貌，塑造了八路军将领林彪、聂荣臻等光辉形象，并将其与阎锡山等人对比，突出了中华儿女在日本入侵的民族存亡之际，为国家复兴、人民独立付出的艰苦努力。小说从“九一八”事变写起。

一

在天色大亮之际，杨得志辞别林彪回到太原火车站，看到为反抗“九一八”而游行到筋疲力尽的学生，心疼不已。在火车上，他想起林彪考虑平型关大战时的忧虑情景，不以为然地摇摇头，觉得根本就是敌强我弱，不可能出现针尖对麦芒的情况。傍晚到达原平车站后，国民党的人开车载着杨得志驶向平型关。路上，杨得志看见平型关古长城一带的险要地形，又想到林彪在地图上圈起的平型关，释然地笑了。

经过深思熟虑的林彪预感到平型关一战之后自己必将名扬天下，内心非常激动，他亲自给八路军总部和中央军委起草了一份电文，电文中，他分析了平型关一战的必要性和可能性。起草完电文，他命机要员先

林彪、聂荣臻率部向平型关挺进

给聂荣臻发电，然后先斩后奏让聂督率徐海东的三四四旅火速开赴平型关，随后再把电文发出。聂荣臻手持林彪发来的电报，在敌机狂轰滥炸中作了简短的动员，他瞅了瞅浓烟滚滚的原平城，果断下达了出发的命令。独立团乘汽车先行。日机的轰炸结束了，一架侦察机还在空中盘旋。麻排长和副连长、战士们调侃着这架侦察机。随后，侦察机刚走，从林子里跑出来许多国民党溃兵，劝说独立团往回走，说前面有大量日军，还将日军说得犹如天神一般。正说着，徐海东的部队在独立团后面也遇到了类似的情景，聂荣臻怕影响士气，决定离开公路将部队带入绕向五台山的一条小路。

二

9月23日中午，闷热的天气里，林彪、聂荣臻和几个团级干部在研究敌情。林彪不知道的是他的对手是第五师团长板垣征四郎中将。板垣已经发现经蔚代公路穿过平型关，再经忻口徒步跋涉上千里到达太原这一条静态战役走廊。平型关位于山西省东北部，是晋东北的一个咽喉要道，两侧峰峦迭起，陡峭险峻，左侧有东跑池、老爷庙等制高点，右侧是白崖台等山岭。在关前，是一条由西南向东北延伸的狭窄沟道，是伏击歼敌的理想地。阎锡山深知平型关的战略地位，过了此关便是开阔的滹沱河谷，要想设防只有后退一百五十公里到忻口方能立足。但是阎锡山中了板垣的奸计，他将险峻的关前要地全部放弃了。是夜，敌军将领粟饭将阎军平型关防线撕开了一个缺口。

与此同时，朝平型关正面推进的日军在第二十一旅团长三浦敏事少将的率领下抵达灵丘城。这样一来。三浦和粟饭两路日军之间出现了一个长达三十公里的真空地带，中日双方都没有一兵一卒。林彪决定在这里大做文章，他敏锐地瞅准了其中一段长达四公里的沟底公路，这就是他几天前定下的所谓“八里埋伏”之计。随后，他给各团下达了作战任务。接着，聂荣臻做了战前动员。林聂二人又互交了一下平型关一战的意见，大战一触即发。

8月24日清晨，各营、连干部战士进行紧张的战前准备和动员。下午陈光亲自潜入团城口日军阵前侦察，并架设了一条电话线。陈光给林彪打电话建议晚上进入伏击阵地，这与林彪的想法不谋而合。放下电话，林彪面对阎锡山送来的《25日平型关出击计划》气愤不已。计划中，阎决定明日拂晓五路出击，其中阎军八个团分三路，要求八路军分两路配合行动。这时，聂荣臻走了进来，建议林按原计划作战，对于战争的结果二人共同承担责任。

三

夜里天气突变，下着雨，寒冷异常。翻过一座山，山洪截住了去路，有的战士强行渡河，结果被冲走。林无奈，只好兵分两路。平型关伏击作战只用上了三个团，否则战果将更辉煌。

25日拂晓，三四三旅抵达白崖台一线伏击阵地。风停雨住，天已经亮了。部队按预定计划埋伏在公路南侧的山地。林彪举起望远镜俯视沟底，八里长的沟道尽收眼底。一位参谋带了照相机，兴致一来便给指挥所拍了一张照片，后来这张照片影响很大，成为平型关大战最珍贵的史料之一。照片上林彪以跪姿正举着望远镜观察，聂荣臻站立在他身后目视前方。伏击埋伏时，六八五团的一营长按捺不住了，跑来问杨得志，鬼子怎么还不来？杨遂解释一番，不再提。埋伏的战士正在小声交谈，这时汽车声传来，敌人来了。

日军第五师团素称精锐，侵华两个月来纵横数千里，所向披靡。此时正有说有笑地前进着，骄横异常。敌军指挥桥本下车后朝南侧的山坡扫视片刻，也许是出于职业本能，他命令士兵朝一片玉米地射击，那里正是三八六团的指挥所。原来鬼子在搞火力搜索。这时，林彪唤来一个参谋，让他到友军阵地，催促他们按昨晚计划行动，并派兵增员，随后下达了开火命令。

日军遭到突然打击，顿时惊恐万状。另一面，林将杨得志唤来，命令他冲锋抢占公路对面的制高点。混战中，桥本右臂受伤，日军完全只能被动挨打，无法组织还击。

桥本命令军队夺取北面制高点，以火力压制八路军的冲锋，伺机冲出去。林彪嘱咐李天佑一定要守住制高点，这样就能取胜。冲锋号响起，埋伏已久的三四五旅如猛虎下山，冲入敌群，展开了白刃战。林彪透过硝烟始终盯着几个主要的制高点，敌人不懂山地战，未派主要兵力去争夺那些关键的制高点，而是猥集于山沟被动挨打。此时的林彪正在担心阻援的杨成武的战况。林聂二人互相安慰，一致认为杨能完成任务。

战况越来越激烈，日军猛烈向老爷庙制高点发起冲击，老爷庙成为两军争夺的焦点。最终，在一、二营的掩护下，三营终于夺取了老爷庙制高点。日军仍然负隅顽抗，但是老爷庙制高点最终被六八六团牢牢控制了。日军在阵前留下了数百具尸体，不得不停止攻击，竞相涌向辛庄方向，于是主战场由老爷庙转到了辛庄一带。在辛庄日军中佐决定带领士兵背水一战。林彪将预备队及时投入战场，极力堵住被日军撕破的缺口，成功地挫败了敌人突围的企图。林彪撒下的大网越缩越紧，垂死挣扎的日军显得更加疯狂，平型关前的狭沟里尸横累累，一千多名日军战死，居然无一人被俘。聂荣臻亲自指挥部队打扫战场。这么大的伏击战没有抓到一个俘虏，在红军战史上尚无先例。

四

平型关战斗激烈进行时，第二战区副司令长官杨爱源和前敌总指挥孙楚听见枪炮声以为是按计划出击的晋军与日军打响了。林彪派人质问晋军为何按兵不动。郭宗汾以天气不好为由没有出兵，在参谋的义正词严的指责下才答应出兵。但行动迟缓的晋军与溃退的日军遭遇，五个军不敢与之交战，这在战争史上算是一个奇迹。

阎锡山接到林聂的捷报大感意外，感慨良将尽在毛泽东帐下。当晚阎接到杨爱源状告郭宗汾不按计划出兵的电话，杨要求阎亲自督战。阎一路大骂，似要将郭枪毙。他来到部队，怒气冲冲坐在自己的画像前面，然而郭一番花言巧语后，阎锡山竟然草草宣布散会。杨在众人散去之后执意要求惩罚郭，阎假装听不见。这时，阎锡山的幕僚中最资深的一位、老同盟会员续范亭再也忍不住了，大声呼吁阎应当惩戒郭宗汾，这时阎锡山才装作恍然大悟，但并未付诸行动，他的做法让很多正直将领感到心灰意冷。

魏碧海，《平型关大捷》，人民文学，1995 年第 8 期。

平型关大捷后八路军战士庆祝胜利

血 战 雄 关

《血战雄关》这篇小说篇幅不长，但胜在文笔真实可信。小说中塑造的以何柱国为首的爱国将领不仅有勇有谋，更具牺牲精神。他们以个人的牺牲，唤醒了中国人民的抗日热情。

“九一八事变”后，日本关东军仅用三个月的时间，就侵占了东三省。国民党政府实行“攘外必须安内”的政策，一边倾全力“剿共”，一边幻想依靠国际社会的“裁决”解决日本侵华问题，所以表面上做出“一面交涉，一面抵抗”的姿态，却将东北军尽数撤至山海关以内。日军利用这种形势逐步稳固了对东三省的占领，还成立了“满洲国”。长城以北大片国土沦陷，山海关成为出入国境的“鬼门关”，成了日本进攻华北的首冲。日本发动“榆关事变”蓄谋已久，并在军事上做好战前的部署，一场山海关大战已箭在弦上。张学良在北平召集众东北军将领商议对策，做了应急的部署。1932 年 7 月的一天傍晚，张学良单独召见了何柱国。二人站在军事地图前，看着东三省的山山水水，相对无言。良久，张学良满眼含泪，将山海关托付给何柱国。但二人对国民政府的对敌政策心怀不满。想到国土沦陷将民不聊生，二人都明白该怎么做。张学良把何柱国领进书房，张学良取过一把折扇，挥笔题写了“还我河山”，又题写了“柱国留存，张学良”。何柱国手握折扇，激动不已，也题写了“苟利国家生死以，岂因祸福避趋之”几个字。

何柱国领命守关，将指挥部设在关内。辖区为临榆（即山海关）、抚宁、昌黎、卢龙、迁安五县和祖山地域。张学良调集了一部分主力归何柱国指挥。除了何柱国兼任旅长的直辖独立步兵第九旅之外，还有独立步兵第二十旅、骑兵第三旅、炮兵第七旅第十三团之山炮一营和工兵第七营。按照防御计划，三个月时间便部署了各自的阵地，兴建了军用道路和通信网，以及大量的实用的工事。忙完了这些，何柱国将着眼点落在山海关城内，这里敌特众多，鱼目混杂，他觉得该到清理的时候了。十月的天气，秋高气爽，凉风宜人。何柱国晚饭后散步到“天下第一关”的城楼上。这里已经布置有重火器和精兵，部下也亲热地与他打招呼，他很满意。他认为，对日作战方针应该是军事抗衡之前先智斗，能拖尽可能拖，以期国民政府动员全国力量参战。

何边想边走，路过柴垛突然听到嘤嘤哭声。他仔细打听，原来士兵张言慈的母亲被日军狼狗咬伤，就要死了。张言慈想要逃回家看母亲，被伙夫长也是他叔叔抓住。何柱国听说之后马上拿出三十个银元，让张回家看母亲，同时打听日军情况。

日本守备队队长落合正次郎是个中国通，他突然频频造访，让何柱国心生警惕。原来，他以东北军首领的位置诱惑何柱国，想让他清剿“义勇军”，为天皇效力。何柱国表面不动声色，答应考虑，暗中却通报张学良，做好了应战准备。几次威逼利诱之后，落合发现何柱国并不领情，但碍于国际联盟的关系，他还是放了何柱国。

一寸山河一寸血

当晚，乘着夜幕，何柱国一行连夜驰往北平与张学良商议对策。一连几天的军事会议决定由商震的第三十二军开赴滦河支援山海关一线；宋哲元的第二十九军开赴喜峰口阻击日军犯口；王以哲军开赴古北口驻防；万福林和廖澄流军推进到临永防区右翼界岭口以北地区，与山海关成掎角之势。会后，何柱国立即下道命令给临永防线全体官兵："坚决抵抗日寇侵略，誓与关城共存亡。"

1932 年 12 月底，日本侵略军调派第八师团开抵锦州，并从绥中方向调集步兵三千余名，重炮四十门分布在石河桥东，南门外及二里甸、威远城一带，又增派铁甲车三列分别停靠在东水关、火车站、石河大桥上。坦克三十辆分布在山海关城之东、南、西面。海面上布泊十艘军舰，机场上待飞八架战斗机，完成了挑起事变大举进攻的部署。第二天，在强令何柱国撤退未果的情况下，发动大规模进攻。山海关战士与落合一部开始了殊死搏斗。安德馨带兵守城。经过两日苦战，山海关内弹尽粮绝，何柱国下令退入城内，展开巷战。三日后，城被攻陷，榆关一战虽然失利，但以何柱国、石世安、安德馨、赵莹身、刘虞发、关景泉、王宏云、谢振潘等为代表的中国军人，却谱写了壮丽的爱国主义诗篇。在那个万木萧疏的年代，震动了全国，唤起了中国人民，尤其是青年与劳动大众的抗日热潮。

在长城上抗击侵略者

王英之、马凤祥，《血战雄关》，中国铁路文艺，2005 年第 8 期。

血战山海关——人民解放战争的一个伟大序幕

王存礼的《血战山海关——人民解放战争的一个伟大序幕》写于抗日战争胜利六十周年之际，最初以电视剧本的形式纪念这段血与火的峥嵘岁月，将辉煌的一瞬再现给世人。小说于2007年结集出版。

解放山海关

山海关自古就是兵家必争之地，战略位置十分重要，是连接华北和东北的唯一关口，这也注定了他在中国抗日战争和人民解放战争中极其重要的作用。1945年8月8日，苏联政府宣布对日作战，在不到十天的时间里苏联红军迅速击溃关东军，解放中国东北。8月15日，日本帝国主义宣布投降。面对新形势，中共中央和八路军总部及时做出决定，向沦陷区发起进攻，迫使日伪向我军投降。8月11日，朱德总司令又根据东北苏日战场变化的情况，向我晋中、冀中、山东八路军部队发出向东北进军的命令。

由山海关穿过的京哈公路是燕山东脉唯一一条捷径进入东北腹地的交通要道，谁占据了山海关，谁就掌握了进出东北的主动权。冀热辽军区十六军分区，地处滦东一带，由于地缘的关系，进军东北有得天独厚的条件。但是，盘踞在山海关的日本军人以蒋介石“只需向政府军投降”的命令为借口，拒不交出山海关城池。无奈之下，十六军分区挺进部队只得由九门口山路进入东北。8月29日，挺进部队在东北境内的前所东部，与苏联红军贝加尔方面军的先头部队会合，在苏军的帮助下，挺进部队回首打下山海关，使这个进出东北的西大门控制在我军手里。

此后，由十六军分区司令曾克林、副政委唐凯率领的挺进部队，乘火车迅速抵达东北腹地，相继接管了二十余座城市，五十多座县城，并建立起了人民政权，部队由四千多人发展到了六万多人。

共产党在东北的得势，震惊了远在“陪都”重庆的蒋介石。这时的国民党政府一方面以《中苏友好条约》为理由，借助英美的势力向苏联政府方面施加压力，另一方面，由美国第七舰队出面，将远在大西南的国民党军队由海上运抵东北，妄图和我军争夺东北。

苏联政府在受到英美压力后，试图改变对我进入东北部队的初衷，遭到我军的严词拒绝，无奈，苏共中央派出了国际问题专家贝鲁索夫以贝加尔方面军司令马力诺夫斯基政治顾问的名义，和曾克林一起飞往延安，向党中央详细说明东北的情况。

当时毛泽东正在重庆谈判，刘少奇主持中央工作，在听取了曾克林的汇报后，党中央迅速做出决定，将我党“七大”制定的“向南发展，向北防御”的军事方针，改编为“向南防御，向北发展”，把经略东北作为我党进行人民解放战争的一个切入点。中央政治局会议后，党中央迅速做出决定：彭真、陈云、高岗、张闻天四名政治局委员和二十二名中央委员、候补中央委员，率领两万五千名地方干部和延安、冀中、晋中、山东、江北抽调出的十万官兵组成的部队进入东北，决心把东北的广袤黑土地变成共产党的战略大后方。

此时国民党十三军、五十二军已经从越南金兰湾和上海黄浦港登舰。杜聿明亲率十三军先头部队北进渤海湾，企图从大连、旅顺登录，遭到苏军拒绝，杜聿明又东进庄河，北上营口，西入葫芦岛，均受到我先期出关的冀热辽部队的阻击，无奈，杜聿明只得把进入东北的全部希望押在山海关这个西大门上。1945 年 10 月中旬，由杜聿明率领的国民党十三军、五十二军在秦皇岛登陆，随后投入山海关战场。

守卫山海关的是我冀热辽部队十九旅和十六军分区六十四团，共六千多人。在 10 月下旬战斗激烈时刻，毛泽东果断命令路经山海关的山东七师留下来，参加保卫战。这样，我军队一万二千人之师，抗击着国民党两个军七万余人的进攻，战争进行得十分惨烈。以毛泽东为首的党中央和中央军委，对山海关保卫战极为重视，从 9 月中旬到 11 月中旬，毛泽东、刘少奇多次亲拟电报，了解和指挥山海关作战情报，并部署了“坚持两月，掩护我部队迅速出关”的总体方针。

山海关保卫战于 1945 年 10 月 25 日正式开始，敌十三军、五十二军每天出动上万人轮流向南山、角山、九门口发起进攻。山海关保卫战历时二十三天，最终在 11 月 16 日敌军由大山深处找到一条进山的小路，派出两个团迂回我军背后的情况下才使我军不得不撤出战场。但是，就是这二十三天的时间里，国民党妄图抢占东北的机械化部队，却未能越过山海关一步，而我方由全国各地调往的大部队和地方干部，由山海关乘坐火车迅速深入东北各地，为加强各地方政权建设、扩军建制，进而为建设巩固的东北革命根据地，为辽沈战役赢得了宝贵的时间。

王存礼，《血战山海关》，作家出版社，2007 年 5 月。

长 城 谣

小说讲述了"九一八事变"至卢沟桥事变期间六年的抗战历史，层次分明地展现了日本军的伪善残暴、丧尽天良、黎民百姓的痛苦呐喊，以及社会各势力对东北沦陷的态度与选择。全篇以独特的视角，再现那段悲怆的历史，反映爱国军人的精神世界。继日俄战争后，袁世凯签署丧权辱国的"二十一条"，日本在东北设立关东都督府，关东军和关东厅分辖军政，特务活动频繁，整个东北上空乌烟瘴气。张学良坐镇北平，留下看家部队在北大营与关东军对峙。关东军寻衅滋事挑发侵略战争，蒋介石奉守"攘外必先安内"政策，连续撤兵，丢兵十万失东北。一些爱国将士自发组成抗日义勇军大刀队与中共游击队同日军展开殊死搏战，奋勇反抗，保家卫国。

1931年5月，关东军高级参谋长坂垣征四郎大佐和石原莞尔中佐就"满洲事件"做出规划，设计在造势成功后进攻北大营，随即占领沈阳、长春、吉林。北大营内，基层军官三连长张仲阳和二连长吕玉堂为首的刚烈汉子早已恨透了城外驻扎的关东军。这群野蛮类畜的日本人长久以来在黑土地上肆意践踏，烧杀抢掠，胡作非为，早已激起民愤。若非上级有令，禁止与日军产生摩擦，张仲阳一行人早就与其短兵相接，以泄胸中之愤。特别是关东军中膘肥体壮的牟田少尉，经过几次交涉，张仲阳更是对其恨之入骨。

张仲阳的父亲张文瀚是沈阳总工会会长，家族曾因"张记铁铺"制刀精良发家，后又在苏联购置几台先进的大型机器拥有了机械制造厂，随后壮大到实业领域，持股众多，家族产业风生水起。大儿子张仲秋曾留日专攻机械制造，期间与恩师之女樱子坠入情网，但由于反华势力崛起，迫于压力，辞别樱子，弃业回国。顺理成章接手机械厂的营生，渴望实业救国。张文瀚本打算让二儿子张仲阳从商接手各实业厂。不料国难当前，张仲阳拒绝经商入伍参军，父子反目。此时，特务野村太郎和手下川岛顺子奉板垣征四郎之命乔装关东工会会长，表面上以"友好合作"为噱头，承诺资金注入与其控股合作；背地里不择手段威逼利诱，买通股东，诱施美人计完成了合同签署。一步步将张文瀚推上有名无实的会长之位，企图控制商会，拿下各地工厂，壮大特务机构，为殖民工作奠定经济军事基础。

据北大营不远处的文官屯内的王琪儿是张仲阳的女友，二人有空便去高粱地里互诉心肠，在乱世里继续着这段难得的甜蜜。偏偏这时，村中一身痞气的佟大炮咬定当初定下的娃娃亲百般纠缠王琪儿，烈性的王琪儿几次赶走媒人，砸碎礼酒，为摆脱佟大炮险些被牟田强暴。为此两家结仇不浅。当晚，铃木正雄炸毁南满铁路借机向北大营发动进攻，震惊中外的"九一八事变"发生了。

军营瞬间崩溃，尸首遍野。面对敌人的突然进攻，聂荣臻下令撤兵。张仲阳、吕玉堂二人虽有意抗命护城，却寡不敌众，最终沈阳失守。张仲阳和痛失妻儿的吕玉堂号召幸还的弟兄们在弹药紧缺的条件下，自建抗日大刀队，驻守一废弃矿区多次击退敌兵。已有身孕的王琪儿在一次突袭中落入牟田毒手，惨遭蹂躏，拖着小产的身子自杀不成，却又被伪军卖入慰安所，近乎绝望。后被大刀队救出，因难以面对张仲阳，离开他做了黑衣侠女，专杀日本侵略者，在东北小有声望，却最终中弹身亡。

沈阳沦陷让张文瀚意识到日本人的骗局，他将机械厂产权全权交给张仲秋，企图保全不落敌手。张仲秋隐藏好厂内机械和技术资料后不久，便被特务抓住关押拷问机器下落，并强行将机械厂产权夺走。对外却宣称张仲秋卖掉工厂投奔苏联。数月后，特务将拷问无果的张仲秋与其他囚犯一道押上火车。与此同时，同行的还有被川岛顺子胁迫的张文瀚。包括张文瀚在内的“劝进团”正打算前往天津迎接日军新扶持的傀儡溥仪，途中火车遭到张仲阳率领的大刀队伏击，解救出了数百名囚犯，兄弟重逢。可惜川岛顺子手疾眼快携张文瀚逃离。兄弟俩详谈各自遭遇后，张仲秋因不放心留下的机器，片刻不停赶回沈阳。此时樱子思念难耐，只身来到沈阳寻找张仲秋，却被得消息的川岛顺子拐卖到慰安所，万劫不复。

万里长城巍然屹立

回来的张仲秋一边动用各路关系将机械送至北平，一边到处打探樱子的下落。途中被特务捕获，竟又被游击队“老曹”和赵一曼假扮的夫妇救出。听他俩讲述的中共纲领和抗联队伍建设，深深被这个有着坚决抗日决心、有组织有纪律的队伍所吸引，又考虑到伪满洲到处埋伏难再经营，他毫不犹豫地加入共产党的队伍，随“老曹”大闹山海关火车站成功拿回那些机器，开始为游击队潜心制造枪械。

不安分的佟大炮和玩伴山豹子因闯入日军敌营，杀死日本鬼子后进退维谷，索性投靠老爷岭臭名昭著的扁爷落山为寇。期间得知野村太郎上山收买扁爷时，贪念一起，与山豹子合伙绑架野村，不料事情败露，险些丢了性命。逃回老爷岭仍不甘心，洗劫扁爷金库，遭扁爷追杀。走投无路，巧遇赵一曼，经过教化顺利成为游击队队员。他俩倒不负众望，数次立功。

张学良鉴于留守东北的十万部队或剿或降，处境维艰，无以为继，被迫撤往关内。历时半月，抵山海关。大刀队面对如山军令，含泪南退。山海关位于东北华北之界，处渤海之滨，燕山之麓，为扼喉要塞，地理意义非凡，自古便有“两面三刀锁钥无双地，万里长城天下第一关”之说。关高城重，壁垒森严。张、吕二将处磅礴之中回望失地，血泪交加。但是满腹壮志也难挡敌人重火力攻击，积重难返，山海关陷落。紧接着热河失守，溃兵和难民簇拥在喜峰口，祖国北疆一片败落。长城保卫战势在必行。张、吕二人悲壮不堪，发誓血祭长城。

日军率先发动攻击，一排排炮筒直指长城，空中数不清的敌机盘旋投弹，古老的长城在这一刻觉醒，发出一阵阵撕心裂肺的怒吼，仿佛在控诉敌人的可耻行径，也许是悲号山河尽失的满腔愤懑。六五三团团长白玉麟和张、吕无视地动山摇，数九寒天，即便弹尽粮绝，即便大刀卷刃亦无惧于此，与敌军贴身肉搏，杀气震天。数十次绞杀后，这片久经风雨的战场早已被血水浸染，长城晕开一道鲜亮的红色，越发庄严。一股浓烈民族尊严以及将士们爱国豪情聚集于此，让长城更添光辉。在之后战斗中，上级再次命令撤兵，釜底抽薪使斗争形势雪上加霜，白团长英勇就义。长城被日军铁蹄踏破。滦东三万难民流离失所。将士们个个痛心疾首。祖宗之高墙，就此陷落。

3月，在全国人民的声讨中，蒋介石将失地之责嫁祸于本有意抗敌的张学良一身之上，逼其引咎辞职，下野出国。以吕玉堂为首的东北军按照张学良临行嘱托，集结华北一带，筹谋还乡。心灰意懒的张仲阳独自前往北平，担任二十九军大刀队教官。而此时的北平已被日军三面包围，何应钦乱中战前求和签订丧权辱国的《塘沽协定》。

张仲秋在寻找樱子途中再次被捕，押往磐石山北部的大兴煤矿做苦力。期间结识了抗联杨靖宇身边的大李，二人商议组织暴动越狱，暴动如期而至，大李用生命换来了百十劳工的自由。根据约定，张仲秋找到了师长杨靖宇，并到高台山组建兵工厂。杨靖宇任命张仲秋担任副厂长和总工程师。由于缺少弹药材料，张仲秋潜回北平通过父亲张文瀚和张仲阳的帮助，筹集了足够的原料。张文瀚答应为其继续寻找樱子，不料被川岛发觉其暗中配合中共制造弹药而遭到杀害，樱子也在此次意外中不幸身亡。

尽管赵一曼身份暴露，在狱中经历非人的折磨，也拒绝说出抗日根据地。佟大炮在执行任务中偶然得知赵一曼被捕，冒险营救，却不幸牺牲，再次被捕的赵一曼依旧严守机密，挫败了敌人的阴谋，壮烈就义。

“八一宣言”后，杨靖宇感到抗战形势的变化，渴望接到中央指示，派张仲秋秘密赶往陕北，向中央报道。回国后的张学良就任鄂豫皖“剿总”副司令，表面上在剿灭红军，暗地里却与心腹吕玉堂等人秘密筹谋与红军合作，全力以赴为抗日作准备。张仲阳被选中与张学良前往洛川与王以哲秘密会谈，期间了解了不少中共情况。不久，张学良再次于肤施城郊与周恩来一行人进行了友好的谈判，商议西安事变。与此同时，张仲秋费尽周折联系到了周恩来，顺利完成任务。由于抗联部队遭到重创，张仲秋暂时被安排在红军大学学习中央思想。张学良面谏蒋介石后果断与西北军将领杨虎城发动“双十二事变”，逼迫蒋介石同意停止内战，一致抗日。事变成功后，张学良护送蒋介石回南京后被软禁，一心护主的张仲阳和吕玉堂二人的营救计划被张学良否决，嘱咐二人以国家利益为重，早日投入抗日洪流。张学良被捕后东北军内部日益分化，加上蒋介石采取分化剿灭政策，很快东北军被削弱肢解。盲目不知归处的张仲阳和吕玉堂在张仲秋的指引下，加入中共，前往延安。

随着卢沟桥事变的发生，抗日战争全面爆发，一场更持久的反侵略斗争在中华大地上展开。

傅建文，《长城谣》，花城出版社，2007年9月。

杀 虎 口

小说以抗日战争为历史背景，以长城重镇杀虎口为故事发生地，讲述了白朗、钱佳皓等抗日英雄的壮举。1941年春，一批抗日华侨捐赠的军火在晋中杀虎口神秘失踪，八路军派出侦察的小分队也有去无回。政委苏新派遣八路军战士白朗前去探查究竟，白朗只身一人骑马前往杀虎口。岂料这座千年古镇竟如一座死城，到处暗埋机关陷阱，白朗误打误撞碰到了乔装成哑巴的老刀把子的闺女虎妞，轻松制服胡同里杀出的大汉，被四下埋伏的人马带到镇长老刀把子面前。白朗缓缓道出自己原是大土匪头子白庆虎的儿子，如今回来代爹赔不是。老刀把子心中顾忌，暗中指使镇上后生、妇女寻仇挑衅，白朗一一摆平。老刀把子的保镖孙打铁不服，要用抓来的战俘奎子当活靶与白朗比枪，被刚巧赶到的钱佳皓制止。钱佳皓是老刀把子失散多年的儿子，现已是晋绥军上校，他重返杀虎口也是为了军火而来。老刀把子一面与儿子搪塞，一面找到当地军阀上官睿，准备联手对付白朗。不料遭遇日军夜袭杀虎口，双方被迫联手御敌。解救了杀虎口的危机后，白朗飘然而去，却更加重了老刀把子的疑心。不过这些都没有阻止八路军和晋绥军两方寻找军火的脚步。

古老边塞杀虎口曾响起抗战的金戈铁马声

钱佳皓救起被殴打的东北兵崔四，崔四感激不尽，讲出自己无意间看到的民夫搬军火的情景。白朗探查到唱落子的戏子知道军火下落，设计救出被关在晋绥军里的戏子，戏子将白朗等人带到藏军火的山洞，上官睿和钱佳皓也率人赶到，双方均一无所获。后白朗查明盗墓贼棺材瓤子藏有大量军火。白朗硬闯龙潭虎穴，棺材瓤子在威逼利诱下终于答应做这笔军火买卖，约定次日交涉。白朗与戏子守约而来，在酒楼被地痞于大膘子认出。膘子引来钱佳皓和胡二皮逮白朗，白朗眼疾手快，抓了胡二皮当人质，巧妙脱身。白朗等人跟踪进城的盗墓贼，摸到棺材瓤子藏身之处。白朗装神弄鬼，打死棺材瓤子，救回落在瓤子手里的八路军战友瑛子。投诚的盗墓贼带领众人挖出失踪的军火，钱佳皓却突然带着兵出现。二人约定次日决斗，军火归赢方所有。瑛子担心白朗安危，与弟兄们一同将白朗绑在马车上赶往根据地。白朗叫骂，瑛子气急将其放开。白朗大步流星跑去赴钱佳皓的约。荒野上，二人扣动了扳机，枪中却都没有装子弹。二人相视大笑，惺惺相惜，钱佳皓提出劫日本宪兵队军火库的计划……自此，二人化干戈为玉帛，抛开立场的不同，共同抗日。

劫军火库时，白朗发现军火库里满箱石头，知道中了埋伏。众人奋力杀敌，死伤惨重。关键时刻，钱佳皓带着东北兵前来救援。混乱中，众人失散。白朗得知钱佳皓和孙打铁失散，外出寻找二人。路过的车把式将奄奄一息的孙打铁送到废墟，被白朗一眼识破，但废墟已被日伪军重重包围。白朗诈降，虎妞打中日军头目中居正南，众人撤退。不久，日军一方来了一个“恶魔”大队长——羽田慎太郎。此人心狠手辣，诡计多端。他后来成为白朗、钱佳皓等抗日战士的主要对手。

在白朗的号召下，抗日武工队“梁山大队”成立，白朗任队长，瑛子任政委。这边形势一片大好，钱佳皓却倒了霉。他在晋绥军团部里击毙日本探子，反被抓起关进牢里。原来阎锡山已经和鬼子签了停战协议。深夜，东北兵悄悄将钱佳皓救出，途中钱佳皓受伤，崔四将他送回钱家。日军到钱家搜查钱佳皓的下落，羽田要杀掉钱妻（钱佳皓母亲），钱佳皓走了出来。羽田要老刀把子亲手处决他，在开枪的一瞬，小儿子小六突然冲上前，替钱佳皓挡住了子弹，牺牲了自己年幼的生命。面对亲人的逝去、政府的暧昧，钱佳皓的精神支柱坍塌了，加入了伪军行列。此时，羽田任命钱佳皓为保安队的副大队长。羽田分析地形，设下圈套，引诱八路军武工队进入包围圈，企图将其一举歼灭，他要钱佳皓率军参战。钱佳皓左思右想，只好托小鱼儿给白朗传信。小鱼儿却在送信路上被于大膘子抓获。武工队被一步步引进日军设好的包围圈，被迫击炮炸了个猝不及防。白朗与众兄弟死伤惨重。日本军官岛田正式出击，要将武工队铲除。白朗自告奋勇，带伤出征，答应三天内拎着鬼子人头回来。战斗中，白朗与岛田都意识到对手的聪明、敏捷，暗中互设陷阱，一路危机重重。二人决战时，瑛子前来帮忙，不幸牺牲。白朗干掉岛田，抱着瑛子的尸体，一步步走回根据地。

日军指挥官小岛秀夫带着关东军特属神枪手大队来到杀虎口，要洗刷战败的耻辱。同时，日军调集重兵进行“铁壁合围大扫荡”，独立团艰难作战，根据地被迫转移。膘子抓到戏子交给羽田邀功，戏子叛变，羽田用其设下了一个完美的计划。戏子依照计划逃出晋绥军军部，碰上白朗。三人赶上了队伍。这一路上，戏子扔了纽扣，将伪装成八路军的日军引入了临时驻扎地。后白朗意识到队伍里出了内奸，深夜盘问戏子，戏子承认自己鬼迷心窍，白朗决定将计就计。白朗组成了一个大刀敢死队，让戏子给羽田递了假情报，引着鬼子向良山方向进发。钱佳皓和羽田都觉得不太对劲，可小岛为了不让别人抢走战功，坚持追击到底。敢死队把日军引到一线天似的山上，打起了肉搏战。刀光过处，血光一片。日军惨败，小岛战死，羽田侥幸逃脱一劫。

钱佳皓与白朗战场上相见，钱佳皓竟命令部队对天鸣枪，将路让开。白朗率敢死队夜袭日军指挥部，导致日军指挥完全瘫痪，敢死队也被日军冲散。混乱中虎妞被俘。钱佳皓得知虎妞被俘，径直找到羽田，羽田告诉他已经没有退路。羽田要钱佳皓亲手处决虎妞，白朗却做好了劫法场的准备。镇广场上，孙打铁现身营救虎妞，不想被假虎妞一刀刺中要害，活活打死在广场上。羽田宣布改日处决虎妞，虎妞又被押回牢中。后来小鱼儿买通牢中看守，救出虎妞，自己躺在了牢里。但逃出监狱的虎妞再次被羽田堵在了城门口，虎妞不愿再连累大家，饮弹自尽。赶来的钱佳皓眼睁睁地看着自己的妹子倒在地上。

羽田逼白朗和钱佳皓对决，赢的一方才有资格活下来，输的一方却要株连同一势的人。老刀把子、小鱼儿等人也被带到广场上看戏，场面一触即发。电光火石间，

今日杀虎口重又沐浴和平的阳光

老刀把子双手飞刀制住了两侧的机枪手，钱佳皓、白朗二人齐齐调转枪口向羽田射击，赵志刚带着八路军、伪军杀将进来，场面大乱。老刀把子、钱佳皓当场牺牲。白朗在旷野上终于追上羽田，二人决战，羽田终于走到了生命的尽头。他死去的那一时刻，赵志刚正在杀虎口镇的城墙上，号召群众加入抗日队伍。

应该说，《杀虎口》是一部成功的“成长”小说。文学作品中，时间在变，情节在变，人物必然也在变，形势变化越莫测，人物变化也必然越多端，这才符合生活的真实和艺术的真实。《杀虎口》这部作品的主题即包含“成长”二字。正因为时间流逝，世事变迁，人物在不断地成长、变化。“成长”将时间引入了故事的发展，使得人物形象显得更加有血有肉。例如白朗形象，年少的冲动在一次次的教训中变得冷静，匪气在革命斗争中逐渐减少。尤其是钱佳皓这一形象，刻画得最为成功。从最初的满腔正义誓杀日寇，到后来因情势所迫加入敌人的阵营与人民为敌，到最后幡然醒悟壮烈牺牲，他的“变”让读者的心为之牵挂。正是这个“变”字，将英雄的成长再次演绎、诠释。

情节方面，作品做到了点面结合，铺陈有序。小说以“杀虎口”这一地点为“点”，以共产党、国民党和日寇这三方为“面”，拓展开去，点面结合，使众多人物汇聚于此。杀虎口，弹丸之地，很小，真的就是一个“点”。不过虽然是“点”，却折射了晋西北、太行山区、华北乃至整个中国的抗战状况。以小见大，功力不凡。

总体看，《杀虎口》情节紧凑，环环相扣，大冲突和小矛盾相结合，国难、家仇和情感纠葛不断，节奏紧张激烈，场面描写畅快淋漓，不失为当代抗战题材的优秀之作。

徐纪周，《杀虎口》，花山文艺出版社，2009 年 4 月。

乡土情怀的长城小说

乡土文学一直在我国的现当代文学创作中占有非常重要的地位，我国乡土小说从20世纪20年代开始繁荣，以鲁迅和沈从文为代表，分别引领了现实主义与浪漫主义的乡土世界想象。20世纪40年代毛泽东《在延安文艺座谈会上的讲话》推动了我国乡土文学的发展。这种蓬勃发展的态势一直持续到了“十七年时期”。进入新时期以后，乡土文学的书写开始有了新发展。农民工进城打工、失地农民生存境遇、受到金钱及权力等欲望影响的乡土世界等内容出现在新世纪以来的乡土文学作品中。长城小说也是如此。周大新的《湖光山色》梅里的《佛耳山歌》以长城为重要情节和故事背景，分别讲述了新时代乡村在现代化进程中遭遇到的新问题。中篇小说《王白的长城》与《长城别》以城乡对比为依托，寄托了对于长城保护与开发的反思。

古长城保护是一个难题。《王白的长城》与《长城别》这两篇小说利用古长城为“道具”，深入剖析了古长城的现状，并呼吁对长城进行保护与合理开发；同时，从对待长城的态度方面，我们看到了现代文明与传统文化的对峙，呼唤传统美德的回归。《王白的长城》这篇小说以农民王白的朴素视角，将猴儿岭长城从无名到开发的过程写出来，首先关注的是古长城的修复与开发，乃至中华传统文化的保护问题。古文化遗址究竟开发与否，这个问题不仅困扰着王白，而且困扰着更多的学者、专家——长城的价值究竟是

长城脚下古风犹存的村落

什么，这个问题值得思考。另外，小说中折射出来的农民与社会的关系问题也令人深思。长城终于要开发了，可本来可能的最大受益者，也就是村民却必须搬迁，离开土生土长的山村，离开朝夕相处的长城，甚至走之前连最后看一眼也不可以，这是一种巨大的讽刺。王白这个人物塑造得很鲜活。面对古长城遗址，他像士兵甚至将军，为长城的日日损耗忧心忡忡，为保护、修复长城而奔走呼号；当他被长城拒绝，被现代文明拒绝，他恍然大悟，又回到妻儿身边，还做个地地道道的农民。从认知长城到失却长城的过程，鲜活地体现出当下部分农民的生存状态。《长城别》语言朴实，构思巧妙。将时尚前卫的女模特、摄影师与善良木讷的乡村女教师一家一起安排在保守、古老的小山村中，城乡生存状态的对比一目了然。摄影师赵思藐和女模特桑小青，他们物质生活富足，却放纵情欲，追逐名利，最终导致精神空虚；而巧珍和她的丈夫，置身底层而乐天知命，家境贫困却温暖踏实。社会的进步在给人们生活带来方便的同时，也让一部分人的精神迷失。传统美德、传统生活方式似乎已经远去，就像女模特在长城上脱光衣服，而男摄影师的镜头不断闪烁……但从巧珍与孩子们纯真的笑容中，我们依然能够看到真诚、善良与自尊。长城别，并没有告别中华传统道德，反而让人们拨开迷雾，重返自尊、自爱、自由的真诚状态。

《湖光山色》不单单写出了古长城保护与开发的问题，而是以此引发了对于市场经济大潮下，如何保持清醒的认识，不被金钱冲昏头脑，做违法乱纪的事的深刻思考。在小说中，暖暖面对曾经的爱人，现在的专权者开田，没有丝毫犹豫，将其举报。这种大义灭亲的举动，无疑让人更加敬佩。周大新以他对中国乡村生活的独特理解，既书写了乡村表层生活的巨大变迁和当代气息，同时也发现了乡村中国深层结构的坚固和蜕变的艰难。因此，这是一个平民作家对中原乡村的近距离体察，是一个理想主义者对乡村变革发自内心的渴望，是一个有胆识的作家洞穿历史后对乡村未来的祈祷。

《佛耳山歌》是作家梅里的作品。小说凭借广阔的视角、真实的笔触，将河北当代农村风貌展示出来，反映了新农村建设过程中的一系列问题，更将变革阵痛中的人性变迁剖析得淋漓尽致。小说中描写失地农民的群像。农民失去了物质依靠，进一步丧失了精神依托，游离于“市民”与“农民”之间，这是此类形象的现实处境。作家怀着忧虑而又悲悯的情怀书写了这样的群体，并在小说中提出了解决之道。无疑，小说中对于农村焦点问题的关注，体现了作为当代作家的责任感、使命感。

王白的长城

小说篇幅不长，但是以“长城保护”为切入点，书写了古长城开发遭遇到的困境。这是文化遗产在经济大潮冲击下的尴尬境遇。故事主人公的眼泪是真实而悲切的，却又是愤怒而无奈的。

小说以“非典”开始。2003年，全国都笼罩在“非典”的阴影之下。猴儿岭村的王白本来准备好五一要结婚，却因为非典不让办喜宴了。他觉得很丧气，也很空虚。一天，电视上的一个消息忽然吸引了他，由于非典影响，全国各大景区旅游人数暴跌，好多景区已经关停。这个消息使他觉得看长城的时机到了。原本村外有一段猴儿岭长城，但他从来不屑一顾，现在能看到北京的长城了，他很激动。

就这样王白来到北京长城脚下。往日熙熙攘攘的景象没有出现，长城上有些冷清。王白看到卖同心锁的，后悔没有带把锁把自己和未婚妻小红的名字刻上。他爬上长城，觉得城墙高大威武壮观，远处风景秀美。可不一会儿他就腻了，又看到了卖同心锁的，因为太贵没舍得买，但是心中很喜欢，而且他觉得在长城上卖工艺品很赚钱。

王白回村后，觉得自己到过北京长城很得意。但回家后马上被隔离起来，因为怕他感染了“非典”病毒。他闷在家里一次次回忆着北京长城的点点滴滴，高大威武的城墙，青色的城砖，又觉得心驰神往。获得自由后，他马上去爬了村外的猴儿岭长城。看着残破的城墙，嶙峋的石头，他觉得这段长城比北京的长城差远了。攀登的路很险要，烽火台也倒了，歪在一边，城砖剥离，荒草丛生，没有了恢宏的气势。但他时常觉得有种神秘的力量吸引着他，却没有勇气再往前走。

一天，村里来了几个考察长城的专家，其中一个年岁较大的别人叫他罗教授。王白带他们去爬长城。罗教授他们对这段长城惊叹不已，王白也跟着高兴，但他依然觉得这里的长城太瘦，没有北京的雄伟。罗教授走后，王白每天都去长城上看看，但这孤寂的山岭上只有呼呼风声。后来，罗教授给王白寄了照片和文章过来，《历史上最完整的明长城——猴儿岭长城》《完整明长城惊现人间》《猴儿岭长城的史学意义》等文章刊登在报纸和杂志上，让他觉得村外的长城就是一个巨大的宝藏。他找到村长，说出自己的看法，认为村外长城应当开发、宣传，吸引游客来旅游。但村长认为没有钱办不到。

不久，可口可乐公司的几个外国人又来到村里，想要拍一些猴儿岭长城的片子，王白再次担任了向导。村长向这些外国人要了一百六十块钱，让王白觉得很丢脸。这些外国人登上长城之后，同样很兴奋，他们把猴儿岭长城拍下来，镜头中的长城是那样美。王白觉得片子播出之后，村外的长城肯定就要声名远扬了，到时候来旅游的人肯定多，他很高兴，因为很快全国人民都要知道猴儿岭长城了，罗教授惊叹的好地方终于要出名了。他又和村长谈了开发长城的事，村长依旧敷衍了事。王白等了很久，根本没有人来旅游，他失望极了，想要问问罗教授，为什么大家都说好，却没有人来看？时间一天天过去，王白依旧经常到长城上去，他看到城砖慢慢开裂，长城慢慢变老。梦中，他经常会看到长城一段段倒下去，越来越瘦。

罗教授又来了，王白兴奋地再次做了向导。他们是为了修复北京一段长城而到这里考察的。王白问罗教授为什么没有人来看村外的长城，罗教授觉得是因为人们都看不到它的价值，而且如果开发了，也是一种变相的破坏。王白似懂非懂，依然觉得好东西就应该让大家知道。于是，他又开始找村长谈长城开发的问题。村长让他找乡长，乡长推说这是大事，又让他找县长。连续找了几天，依然没有找到忙着调研、开会、下乡的县长，他只好回家。再登上长城，王白依然揪心于长城的慢慢老去。

历史在呼唤

日子一天天过去，王白都有了儿子。这天县长、乡长一行人到村里考察，要看看村外的长城，让王白带路。当这些气喘吁吁的领导登上长城之后，感叹这里资源丰富，应该加以利用。王白觉得看到了希望。他甚至想到过几天就要来修长城了，修好之后他也学北京的城里人，在长城上摆一个卖纪念品的小摊，也卖北京那样的铜锁子。可很长时间过去了，没有任何修长城的动静。王白到乡里询问，乡长告诉他正在申请国家级文物保护单位。又过了几个月，王白又问，答说要先修一条上山的公路。这次王白没有空等，县里果然派人来修路，村里人都觉得有了希望。可等到路修好了，依然没有人来投资开发长城。这期间王白时而对县里有信心，认为一定会有大老板来投资，时而内心沮丧，连干活都心不在焉。一次，王白又陪了几个稀奇古怪的诗人登长城，他们说着很酸的话，做着夸张的动作。此时，王白却望着远方的古战场金沙滩，内心一片苍凉。不过王白却留意到这些人主张保护长城而不是开发，他内心迷惑，不知村外长城的未来会怎样。

慢慢地，孩子越来越大了，王白终于等到了有人投资修长城的那一天。村里外出打工的都回家准备给开发商打工赚钱，王白也再次想起了摆摊卖铜锁子的事。可投资方让村里人搬下山，于是，投资修长城的大事慢慢演变成了村里人和开发商斗智斗勇索要搬迁补偿的琐事。而且，开发商表示，长城旅游景点招工不要本地人，王白卖铜锁子的梦破灭了。在整个村子乱哄哄搬迁的时候，王白想明白了，那种卖纪念品的摊子远了，铜锁子远了，他觉得自己还是一个农民，只能做些农民的事情。他想在离开这个村子之前最后看一下长城，但快到山顶的时候，却被人拦住了，因为上面正在施工，禁止入内。王白觉得风从金沙滩那边过来了，他似乎听到了号角声、马蹄声、战鼓声和士兵的呐喊声，他的泪禁不住流下来，他知道，自己以后再也不能过来看长城了。

杨遥，《王白的长城》，黄河，2007年第5期。

长　城　别

《长城别》，告别的不仅仅是慢慢消逝的长城，还有昔日的文明、道德与良知。小说中，巧珍和丈夫生活在走马山下的一个小村子里，明长城横亘在山上，更显得小村偏僻荒凉。丈夫在村里小学教书，她自己办了个学前班。这几年学生越来越少，只剩下了八个。丈夫本在镇里中学教书，因为腿病，只能回村，但巧珍毫无怨言。他们在村里兢兢业业，把孩子们上学的院子用水泥抹平，又省吃俭用盖起两间房子，还辟出两个花池，种上红红绿绿的鲜花，显得整个院子生机勃勃。孩子们都很喜欢巧珍，把她当作自己的亲人。

这天，丈夫的同学也是市里著名摄影师赵思藐来到他家，还带了一个模特，桑小青。丈夫看到老同学倍感亲切，特意到周庄买了狗肉、驴肉招待，被二人称赞纯天然、无污染。两人都觉得巧珍生活的村子像世外桃源，可巧珍内心却有些忧虑。她在担心着自家生计，还要考虑班上的八个孩子。孩子们家里都不宽裕，如果不是村子里出钱支撑，巧珍的学前班早办不下去了。条件如此困难，她没有退缩，反而一门心思扑在了学校和学生身上。

摄影师赵思藐此行的目的在于拍长城。下午丈夫跟着去拍摄，而巧珍则留下照看学生。她上课时教学生画村外山上的长城。班上最机灵的孩子豆豆画得有模有样，画中的城墙上还长出一棵草，草尖上竟然是一个女人脸。他解释说那是长城和巧珍，因为老师要比长城高，这样外国人才能看到，看到之后才知道她是世界上最好的老师。巧珍一瞬间热泪盈眶，觉得自己的苦苦坚持没有白费。

晚上，丈夫和赵思藐一行人回到家。吃了饭，喝了酒，巧珍却发现赵思藐和桑小青睡在了一个屋子里。将丈夫推醒后，丈夫告诉她，实际上下午他们在长城上拍的是桑小青的裸体。赵思藐还解释说这叫贴近自然，拥抱古老。听完这些，巧珍辗转难眠。

第二天，几个人又要去长城，恰巧碰到孩子们来上学，赵思藐让巧珍带上学生一起登长城。巧珍和孩子们一直走在最后，看着路上的风景。山坡上的庄稼已经成熟，空气里飘荡着莜麦和蚕豆的香气，山脊上的长城虽然不巍峨，但很沧桑。她和孩子们心旷神怡。但她发现桑小青很不开心。两人闲聊时，小青感叹现在成名很难，要想获奖，就得付出很多。这番话说得巧珍怔住了。

来到长城上，赵思藐对桑小青的状态很不满。小青出了个主意，就是她扮作乡村女教师，与孩子们互动，但孩子们嘻嘻哈哈，根本不配合，小青很生气。赵思藐无奈，骗孩子们说巧珍要离开到城里教书，不料孩子们信以为真，都哭出声来。巧珍一时心疼，想把他们都揽进怀里，却觉得自己手臂不够长。此时，摄影师的快门声已经响起，照片效果好极了。他兴奋地搂住小青，可小青却失望地跑向远方。

一行人完成任务后，都分外开心，孩子们也很兴奋。豆豆抢过赵思藐的背包，和几个孩子快乐地抛来抛去。巧珍想要制止，却不料包掉在地上，照片散落一地。孩子们吓坏了，瓷在那里，看着照片。巧珍看到一张照片落在脚边，捡起一看，相片上是长城和一丝不挂的女模特。女模特挥舞着双手，赤裸的身体是古铜色的，夸张的倾斜着，好像要拥抱什么。巧珍手一松，照片立即被风吹走了，掠过土城墙，不知道飘向了哪里。

王保忠，《长城别》，山西文学，2007 年第 12 期。

湖 光 山 色

小说描写了一个曾在北京打过工的乡村女性暖暖与命运抗争、追求美好生活的不屈经历。她的生活因一段楚长城的意外发现，而走上了一条崭新的道路。先祖留下的遗产让村民走向富裕，但物欲与权力却使村民人性变得扭曲，原来淳朴的民风在现代文明的冲击下几乎消失殆尽。小说写的是文化遗产旅游的发展，展示的却是对人性嬗变、历史遗产和权力运作的崭新思考。

故事的主人公楚暖暖在家伺候生病的母亲时，不断有人上门提亲。村主任詹石磴的弟弟詹石梯为了能娶到暖暖，去找楚家说合。双方家长应允了，但暖暖更中意同村的旷开田。两家多次阻止，但最终暖暖还是嫁给了开田。

开田和暖暖为了致富，做起了除草剂的买卖，不料却上了骗子的当。核算下来，开田和暖暖需要赔给乡亲们四万两千块钱。开田悔恨又绝望，但暖暖却坚强地撑起了残破的家。冬天到了，不用下地劳作，但是暖暖为了挣钱每天在家织渔网。这一天，她遇到了城里来的谭老伯。他出二十块钱，让暖暖带他到后山石头砌的长墙去看看，暖暖很惊喜。到了几乎坍塌的长墙之后，暖暖以为老人会失望，不料他却异常激动，脚步踉跄地扑到长墙旁，急急地掏出眼镜、放大镜、笔、锤子和一些暖暖看不明白的工具，在墙上仔细地察看、敲砸、丈量、记录起来。经过老人的讲解，暖暖才知道，原来这道长墙是楚国在战国中后期时修的长城，修建目的是抵御秦国入侵。老人在暖暖家住了下来，他叫暖暖每天陪他上山察看、测量

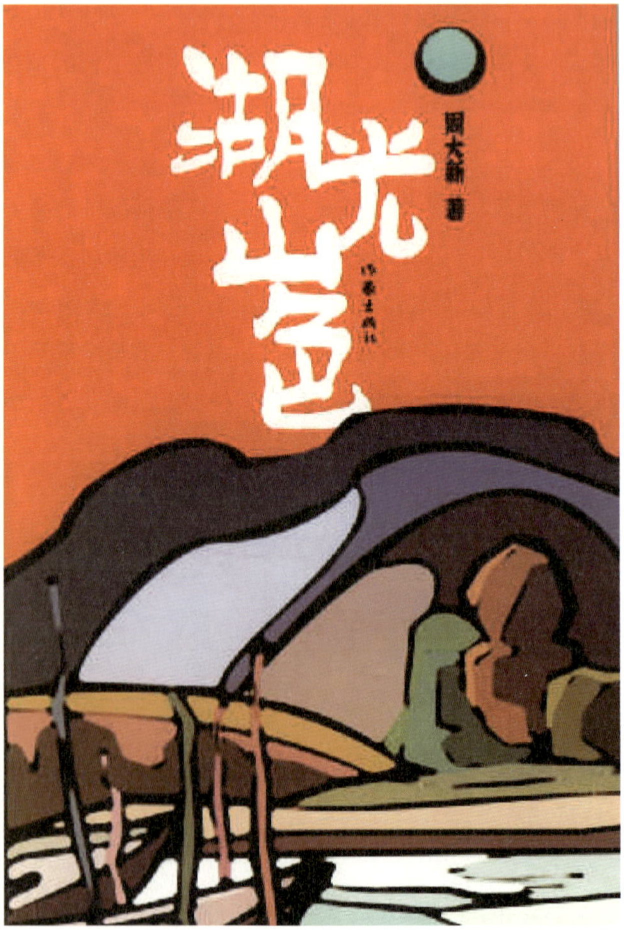

小说《湖光山色》封面，周大新著，作家出版社 2006 年出版

楚长城。开田和暖暖就这样陪着老人忙了九天，期间他们听老人讲了很多楚长城的故事。这条长城最早是楚国人修的，后来倾废了；到南宋时，金兵南犯，南宋的军民

又把这条长城加以修整，作为抗金的一道屏障。城墙后那片被石块隔成格子的开阔地，是当年的演兵场，在没有战事的时候，军士们就在这片场地上练兵。开田和暖暖听得很有兴趣，他们没想到这些已被他们看过无数次的石头，竟可以做出这样多的解释。九天里，夫妻二人不仅长了见识，更赚到了一千六百元钱，暖暖很知足，盼望着老人来年再来。

开春后，夫妻二人又开始忙碌。一天，从城里来了两个年轻人，他们拿着报纸慕名找楚暖暖女士。原来，谭老伯回去之后写了关于楚长城的文章发表在报纸上，引起了学界重视。年轻人是天津大学历史系研究生，他们在开田家一住就是五天，每天都上山看楚长城。经二人细致研究，认为这段长城很可能是楚国在公元前312年左右修的，这时，楚国衰落的迹象已开始出现。楚国在这一年进攻韩国的雍氏，秦借救韩攻楚，秦军在丹阳也就是今天的河南西峡县丹水以北地区大败楚军，斩首八万，俘虏了楚将屈丐等七十多人，攻占了楚国大片土地。这样，楚国的这一带就成了与秦军对峙的前线，大约为了反攻也为了防止秦军的进一步南侵，开始在这一带征召民夫修筑了这道长城。开田夫妇却不关心这些，他们在这五天又赚了七百五十元钱，感到很满足。此后，夫妻二人又接待了几拨这样的学生，减轻了家里的经济压力。

由于接待城市游客有了经验，再加上家里房子太小，客人多了几乎住不下，所以开田夫妇扩建了房子。很快，谭老伯又带来了十一个学生，他们住在新盖的房子里十分舒服。谭老伯给新房起名叫作“楚地居”。由于客流量渐渐增大，暖暖把曾经帮过他们的青葱嫂请到楚地居，让她帮忙做饭。并且，她一直在思考着如何让游客停留的时间更长一些，赚的钱再多一些。实践了一段时间后，楚长城—凌云寺—三角迷魂区的路线慢慢成熟了，而且暖暖又将进山的路口拦住收费，再在湖边搭起了带有自然风情的棚子出租，每天的收入相当可观。

随着楚王庄旅游的繁荣，开始有投资者前来洽谈。省城五洲旅游公司负责项目开发的经理薛传薪将他投资建度假村的想法告诉了暖暖，暖暖很快和他签订了投资合同。与此同时，村主任的改选工作也进行完毕，开田当上了村主任。经过向上级部门的申请，在开田的支持下，度假村项目“赏心苑”开始动工。施工过程中又挖出了珍贵文物，再次使楚王庄名声远扬。赏心苑竣工开业，生意非常好，到这里来的有阖家出来旅游的，也有政府官员，甚至还有外国友人。为了吸引更多的游客，薛传薪请来导演拍楚王戏。情景剧使度假村效益再次翻番，楚暖暖摇身一变成了楚总，她每天都在学习适应这个新身份。

一切都在顺利地发展着，暖暖却遇到了麻烦。她与开田的婚姻走到了尽头，同时，旅游业繁荣带来的利欲也渐渐蒙蔽了朴实村民的双眼。在暖暖心力交瘁时，北京的谭老伯再次来到楚王庄，暖暖告诉他自己的遭遇。老伯感慨权力与欲望给人们带来的蜕变如此之大，同时他将楚王赀迁都的故事讲给了暖暖听——楚王赀当时生活奢靡，在一次游乐中发现手下一个武将的女人长得美妙无比，当下就动了淫心，此后就常借故传唤其进宫伴他淫乐。那武将表面上不敢表示不满，甚至常主动将女人送到宫中，暗地里却仇恨满腔并准备反叛。他悄悄联络很多不满朝政的文官武将，包括宫中人员。不想就在起事前，消息泄露，楚王赀大惊失色，迅速派人抓捕镇压，因卷入此事者众，赀一下子杀掉了数百人。这起反叛虽被镇压下去，但赀知道他在都城里人们心中引起的怨恨已经很深，从此他失去了安全感，夜不能寐，这促使他最终下了迁都的决心。暖暖听到这个故事不禁想起了现在的开田。

村民的房屋被强拆，苦不堪言。面对开田现在的恶劣行径，暖暖不得不开始上告。但反抗均被开田镇压。终于有一天，开田不顾念旧情，将暖暖打成重伤。被拆了房子、几乎家破人亡的青葱嫂在开田的船上动了手脚，开田落水后她猛扑过去，将开田死死拖入水中。最终二人都被救起，只不过青葱嫂陷入深度昏迷。暖暖悲痛欲绝，

长城，人类宏伟的历史文化遗产

她觉得在与赏心苑的斗争过程中她彻底失败。没想到过了几天，有便衣警察将开田和薛传薪带走，原来，对赏心苑的调查已经持续了多日。在证据面前，二人终于伏法。

楚王庄的楚国一条街正式剪彩开业，是在来年秋天的一个上午。来自四面八方的游客在那个天朗气爽的秋日里，兴奋地跨过两千多年的时间之桥，进入了这条满布着楚地景观的小街，新奇地欣赏着那些带有原始意味的建筑、器物和穿戴了楚时衣饰的男男女女。但经历了这么多，看到了楚王在为村子带来财富的同时也迷惑了人们淳朴的本性，暖暖觉得霸道多疑的楚王还是离家乡越远越好。

周大新，《湖光山色》，作家出版社，2006 年 4 月。

佛 耳 山 歌

这部小说是作家梅里的作品，讲述了大学毕业生宋清宇放弃“大好前程”回乡做村官，目的在于改变家乡佛耳峪村闭塞、贫困的现状。面对失地农民生活的困难和上访的问题，他发动村里志同道合的年轻人，开始解决了这些村民的生存问题。他还把大学所学专业知识和家乡实际结合起来，开始了一系列改革：推行新的土地流转政策，实现土地效益最大化；成立了佛耳峪村长城旅游开发服务公司，对家乡旅游资源进行保护性开发；在古街上建起了“商贸一条街”，帮助佛耳峪村民走上了共同富裕之路。作品通过揭示当代农村基层组织建设、经济发展，人与人、人与自然等方方面面存在的复杂关系，反映出新一代农村青年在建设社会主义新农村过程中经历的彷徨与欢乐。

小说中的佛耳峪长城，是除山海关以外规模最大、建制最全、保存最完整的长城。它山上有围城，山下有瓮城，还设有独立的大型烽火台。它还穿越了河流，有水下长城，这是令山海关都逊色十分的独特景观。

故事就发生在这样美丽的乡间——瀛洲市漆梁县八棱子乡佛耳峪村。时值新中国成立六十周年大庆，河北省“三年大变样”开展得如火如荼，然而佛耳峪村村干部却忧心忡忡。村里一些失去土地的农民生活困难，不满当前政策，聚众闹事，连年上访，甚至到北戴河拦截中央领导，哭诉告状。连续两届村领导班子倒台之后，老支书心急如焚，找到大学毕业回乡创业的宋清宇，让他带领一群有知识、有文化的年轻人组成新班子，带领佛耳峪走出困境。

长城之畔，令人向往的故土

其实，蒋学仁、贾德正在任期间，上访情况已经很突出，甚至曾有游行群众闹上高速路，阻断交通。而且，因为土地政策原因，村里矛盾尖锐，时不时爆发冲突，整个村子呈现出一种病态。宋清宇正是在这种情况下走马上任的。他是大学毕业生，眼界开阔，个人承包了鱼塘，办起了“双红豆垂钓场”，另外还与人合办“多丽漂流场”，走上了致富之路。上任之初，他踌躇满志，想要带领佛耳峪村走上发展之路。然而，接连几个恶性事件，尤其是“集体跳楼事件”，让他措手不及。“偷粮事件”之后，警察介入调查，要将宋金垚、马起根等人带走，随之宋金垚老婆郭玉叶万念俱灰，要从长城城墙上跳下自杀。这一举动引发警民冲突，甚至惊动了市级领导。虽然后来情况得以控制，并未造成严重后果，但这一切都让宋清宇下定决心，要以此为契机，制定新制度，传播新观念，将社会主义新农村建设付诸实施。

郭有田原本在嬴洲市一家大型轧钢厂上班，虽然只是普通工人，但是每月也有几千元的收入，衣食无忧。每次衣锦还乡，他总是很“低调”，言语中难掩自得神色。但是经济危机使厂子停产，工人下岗，他一下失去了工作，再加上老婆有病，生活陷入了困窘，无奈之下回到了佛耳峪。面对杂草丛生的院子和满目疮痍的房子，他绝望了。但村干部帮他收拾房子，又捐钱给他，帮他渡过了难关，他内心感激不尽。可是，这些都不能阻碍他的上访之路——没有土地，他没有了生活的依靠，生存都成问题，焦虑、无助最终都化为对党、政府以及现有政策的怨恨。郭有田是连年上访的死硬分子，就算拼了老命也要上访，在生存重压下，他被异化成了上访专业户。对村干部的感恩、对土地政策的不满、对村里富人的羡慕、对自己处境的悲叹等情绪纠结在一起，使他们有时对自己的所作所为痛悔不已，然而过后依然如此。

宋金垚是郭有田“赵光腚上访团”的中坚分子，他大专毕业，自以为比一般乡里人多些见识，于是经常给上访团的成员们提一些“建设性意见”，俨然成了“军师”。比如说，对待上访这个问题，他谈到：“宋清宇已然如此，没指望了，那么我们又当何如乎？我看，还是那句话，团结起来，进行最后的斗争。今年是新中国成立六十周年，国家要大庆，要阅兵，这就是机会，不要说政府大赦天下，但也一定会加大解决我们的问题的力度。因此，咱要把全佛耳峪的穷人都联合起来，赴省进京，胁迫政府投降，那些当官的就怕这个时候出事，过了这村就再没有这个店了。”郭有田等人正是在他的“激励”之下，横下一条心，坚定了上访之路。在与村领导斗争的过程中，正是宋金垚主导了“放火事件”和“投毒事件”，给蒋学仁家放火，给贾德正家猪圈投毒，使两家损失惨重。后来，这些村干部不计前嫌，反而将“故乡一条街”上的门面房承包给他，让他对以往行径后悔不已。为此，他上山拜“白玉佛”，以求赎罪，最终也是在梦中白玉佛的“神谕”指示下，将钱放在信封里，暗中投到了蒋、贾二人的院子里。

改革过程中，宋清宇等村干部不仅致力于解决村民物质生活方面的困难，还着力发展新农村文化事业，办起了“山鹰文学社”。宋清宇作为文学社社长，不仅号召了村里年轻人入社，还将“事业”拓展到了县里，甚至市里。薛倾城、周聪，甚至市里孟庆吾书记都来捧场，不能不说这是一种成功。尤其是后来村里的落后分子郭有田、马起根都参与到诗歌创作中来，更是凸显了文学社的影响力。

走上正轨的村子一派宁静祥和。佛耳峪的守护神白玉佛不再流泪，翠屏山上的古长城也重新绽放光辉。

小说中的长城绝不仅仅是著名旅游景点，而且承载着历史文化发展，它的价值集中在人文内涵、精神层面之上。“万里长城永不倒”成了一种象征，象征中华民族生生不息、恒存发展，数千年一直挺立于世界民族之林的伟大形象。大多数人都认可“长城是中国的象征，是中华民族的标记，……可增强人们的国家自信心和民族自豪感”，“长城文化对于中华民族人文精神重塑具有重要作用”。在《佛耳山歌》这部作品中，长城作为背景出现在故事中，代表了作者的一种信仰，对民族精神永存的信仰——即使长城已是残垣断壁，它带来的精神力量永远存在。

古老的村落，翠屏山上雄伟的长城，奔腾的青龙河，佛耳峪的地理自然环境得天独厚。尤其是霞光中的长城，虽残破但不失雄伟。然而这种雄伟却在先前病态的乡村中遭到了破坏。本该作为民族精神核心存在的长城，却成了佛耳峪人的伤心之地——老支书蒋学仁被暴徒推下城墙，手臂摔断；韩香柳在长城上小屋中生下私生子，孩子的父亲是个只知感慨国人不懂保护长城的骗子；郭玉叶爬上“九楼”，那座沧桑的“九楼”，想要从上一跃而下，结束生命……幸而在新干部的领导下，在新政策的引导下，佛耳峪重新走上发展之路。长城，也被列入了发展规划之中。古长城修葺、长城旅游文化公司成立等让人们看到了长城的希望，民族未来的希望。

《佛耳山歌》这部作品，用淳朴的乡土叙事展示出乡村当下的状态，对于乡村经验、人性刻画、风土人情的勾画构成了整部小说的主要内容。佛耳峪村是勇于变革的，它无疑已经冲破传统束缚，成了新型乡村的代表。虽然人们的方言依旧那么浓郁，民风依旧那么淳朴，但乡村生活实际已被现代文明所解构——这种解构具有相当的积极意义。从某种意义上讲，佛耳峪村的发展轨迹为乡村未来发展提供了可以借鉴的经验，佛耳山歌，真的是作者虔诚写就的一曲乡村恋歌。

长城，中华文明的图腾

梅里，《佛耳山歌》，作家出版社，2014 年 12 月。

大 道 岭

《大道岭》作者马国华鲜明地举起了长城小说的旗帜，他在小说中勾勒出各色传奇人物。神秘主义色彩掩映下，我们能发现作者的终极目的在于塑造本土带有民间意识的家园守护者，并在其指引下走上真正的对于家园的重铸之路。首先是“预言家”刘大军，他原本是个高中毕业生，成绩优秀，考上了大学，因家庭经济困难被迫放弃学业。此后陷入自我封闭，不言不语二十年，一直处在“失语”状态。这是人的主体让位于环境客体的体现。而在长城倒塌后，家园损毁后，“失语”的刘大军不但“恢复”了语言功能，还具有了未卜先知的能力，成为大道岭的“预言家”。神一样的刘大军面对日本人犬养要开发大道岭旅游区，村人代代固守的家园即将易主的困境时在公判现场做了辩护并反诉成功。后来，他又被推选为村主任，退去神性光环，他成了真正的家园守护者。与之相对应的，是作者塑造的另外一个人物——邢大通。他是致富名人，能进能退，头脑灵活，是现代优秀企业家的代表。原本一直执着于开发长城旅游区的他，后来被刘大军点醒，终于明白开发要遵循可持续发展才能“行得通”，不能以破坏环境为代价，最终放弃长城旅游风景区的建设。由此，以刘大军、邢大通为首的家园意识的觉醒者们，踏上了以发展为目的的重铸家园之路。

故事的发生地湾水县下起了多年未见的大雨，把境内燕山上一段长城浇塌了。长城的倒塌，再加上大雨倾盆，使很多村民看到了“异象”——长城上狼烟四起，许多身着古代士兵服装的人正在长城上奔跑、呐喊。时间长达十五分钟。后来，经专家解释，这是地磁记忆现象。与异象同时出现的还有一件事，村子里已经闷声不语二十四年的刘大军突然开口说了话，甚至他拥有了预知未来的能力。

秋到长城更壮阔（马卫庆 摄）

薛莲是滨海市小有名气的画家，孟如风是颇具才华的诗人。二人偶然从网上相识，并见了面，随之互生好感。随着他们恋爱消息的传出，二人承受了压力，不过依然努力平静地生活。不过，随之薛莲生了重病，竟然是胃癌晚期。短暂的隐瞒之后，孟如风决定告诉薛莲真相，不过薛莲此时内心早已明了，她唯一心心念念的就是想到梦中经常出现的地方去，那里有山，有水，有长城。后来，循着梦中的影迹，薛莲来了大道岭村，她和孟如风在村外山上住了下来。每天，她都要到烽火台上坐一坐，喝几口山下的山泉水，吃一些山枣、榛子等野果。半年后，薛莲创造了医学上的奇迹，病好了。

邢大通是湾水县一个有钱人，他听了薛莲的传奇经历之后打算在大道岭长城投资，开发山上的古长城资源。他和薛、孟二人来到大道岭见了刘大军，没想到刘大军对于他的想法了如指掌，只不过对于今后的路，他讳莫如深。邢大通是行动派的，他开始上报项目等待审批，并着手进行考察，唯一内心不安的是刘大军对于他的作为不置一词。

随着奥运会的召开，刘大军关于奖牌的预测结果也揭晓了，他说出的金牌、银牌、铜牌的数字丝毫不差，令邢大通、薛莲、孟如风等人目瞪口呆。为了解开刘大军之谜，薛莲、孟如风来到了一个曾经拥有超能力的老教师家，想要探得结果。没想到，除了当年的传奇经历，老教师说了一番话，让二人震惊。在老教师看来，他自己曾经拥有超能力，其实不能叫“拥有”，而是作为傀儡被不知名的力量操纵。相对于广阔的天地宇宙，人类的力量实在是太过渺小。目前人类的很多做法，在短时间内可以积聚大量财富，可换来的结果是天不再蓝，水不再清，冰川融化……薛莲和孟如风听到这些话很震惊，他们决定千方百计阻拦邢大通的开发计划。二人找机会和邢大通探讨了关于资源开发和保护的问题，劝邢大通不要急功近利，收回开发计划，但邢大通听不进去。

很快，乘着奥运会的东风，旅游开发项目红红火火地启动了，邢大通不仅得到了市委市政府的支持，还拉来了大批媒体，宣传报道即将被开发的大道岭。很快长城旅游风景区非正式地开张了。但景区建设一步也不能停，建筑公司、卫生局、旅游局、水务局都在现场办公，工程按部就班地进行着。可邢大通想到刘大军的态度，总觉得他在暗示自己不会成功。邢大通再一次找到刘大军，他不冷不热地告诉他，他将来会得到更大的收获，这种收获是不能用金钱衡量的。

邢大通挥去心头阴霾，项目也正在步入正轨，可正在此时，施工方的李处长居然从山上摔下去死了。经过刘大军分析，原来是李处长逼迫私拆城砖盖房的人还回城砖，导致一个叫孙大民的损失了几千元钱，本来不富裕的生活更是雪上加霜。他心里恨极了李处长一干人，所以设计将李处长推下悬崖。这个案子还没有完结，又有游客在景区受伤，伤了一只眼睛，断了一条腿，伤者是市里黑白两道通吃的大老板胡虎的儿子。为此，胡虎向邢大通索要一千万。邢大通多方联系，找到韩副市长出面，最终还是掏了五百万了事，由此内心沮丧。事情过去之后，薛莲和孟如风找到刘大军，没想到刘大军告诉二人，在滨海城某宾馆里住着专案组的成员，目的即是追查官员贪腐及涉黑案件。二人马上来到刘大军提供的地址，与专案组成员取得联系。后二人借着邢大通设宴感谢韩副市长的机会，通过窃听器获得了胡虎的重要犯罪证据。

经历了诸多波折，邢大通渐渐丧失了开发大道岭的信心，而且他内心深处终究对刘大军的暧昧态度感到迷惑。出于道义，他并没有抽出资金就走，而是建议县长书记将经营权让给王家营镇，这样景区照样能够运行。没多久，县里传来消息，日本人犬养要出资三亿开发大道岭，谁知道，日本人要来的消息却激起了村民的激烈反抗，村支书章营和村主任刘松柏带领一干人鼓动村民闹事，将犬养打跑。村中刘树春老人因为母亲死在日本人手下，反对得最为激烈，最后气死。触犯刑法的章营和刘松柏被犬养告上法庭，可是刘大军的辩护不仅让犬养撤诉，之后二人之间的谈话更让犬养佩服得五体投地，从此他再不敢小看中国人。这件事之后没多久，刘大军失踪了。大道岭村进入冬天的悠闲日子，村民们时不时聚在一起打打麻将，赌注越下越大。这天刘根在刘松柏家输了钱，鬼迷心窍要杀刘松柏，却失手将老婆砍死，清

长城拥有人类共同的文化价值

醒过来之后绝望自杀。这样的事一出，也没人再敢聚众赌博了，日子过得有些无聊。

不过专案组并没有休息，而是一直在追查胡虎等人的犯罪事实。而且，很快湾水县新一任县委书记林诚到任，他追回了邢大通损失的那五百万，并劝说邢大通再次接受长城开发的项目。邢大通忧心忡忡，可是还是接下了大道岭村长城景区经理的职位。随着项目的推进，以及与村支书章营之间的矛盾，邢大通最终还是想退出。不过他还没有抽身，就发现无论是支书章营还是村主任刘松柏，都是只顾自己利益的小人。按照他们的发展方案，表面上被开发赚取利润的景区不仅环境会遭到破坏，野生动物也将被捕捉殆尽。章、刘二人最终因为对利益的追逐再次被捕，失踪已久的刘大军也终于回到了家中，只不过他已经没有任何超能力了。

小说写到这儿已经没有任何悬念，该终结了。不过在“尾声”，作者终于将笼罩整篇小说的最大谜团解开了——这个玄幻故事其实就是邢大通在某个大雨之夜的梦境。在梦境中最受瞩目的才子佳人孟如风和薛莲二人，其实在现实生活中一个叫庄申晨，一个叫燕品。当这对世俗的夫妇向邢大通建议开发长城时，他坚决拒绝。反而，望着眼前的湖光山色，他觉得这个世界是那么陌生……

《大道岭》从生态小说这个角度看，是较为成功的，作者的生态意识明确而坚定——长城的保护与开发需要谨慎而行，因为建立在利益之上的开发就意味着破坏。在这个大前提下，作者将生态意识的提出覆上了一层神秘色彩。小说里有离奇怪诞的情节和人物，种种魔幻表象背后是令人深思的象征意味。

在作品的“引子”中，作者讲述了一场罕见的大雨。暴雨中长城被浇塌，电闪雷鸣中，上演了一场立体电影——暴雨中的长城上，各烽火台狼烟四起，许多身穿古代士兵服装的人在长城上奔跑呐喊。这是时下流行的穿越式叙述，时尚而前卫。接着还有很多魔幻情节，例如大雨浇塌长城后，沉默二十年不怎么正常的村民刘大军突然开口说话，而且还有了未卜先知的超能力；身患癌症的画家薛莲“总在做着一个内容相同的梦，梦里有一个地方，有山，有水，有长城”，受梦境召唤，画家来到大道岭长城，半年之后，身上的癌细胞奇迹般的消失无踪……在小说结尾处，令人大跌眼镜的情节设置更增添了作品的魔幻性，原来这一切都是邢大通的一场梦，而梦的因由在于他睡前看的一则有关长城倒塌的新闻。魔幻的开头，梦境的结尾，小说“尾声”和“引子”前后呼应，情节设置与生态内涵相得益彰。

小说还有一个亮点在于结尾处的变形与对位处理。毫无疑问，梦境中的人物与现实生活中的人物有对应关系。孟如风，提倡环保，才华横溢；庄申晨（装深沉），獐头鼠目，唯利是图。薛莲，不惧流言，天资聪慧；燕品（赝品），俗不可耐，一副病态。变形、对位让读者清醒地意识到作者的意图——批判，这是极具现实批判精神的写法。在商品社会语境中，人的“物化”“异化”是司空见惯的，小说的深刻性在于，在揭示这种异化过程的同时，提示着人们去思考——究竟我们该何去何从？这种写法正体现出魔幻现实主义的创作原则——变现实为幻想而不失其真实。不管作品采用什么样的“魔幻”“神奇”手段，最终目的还是为了反映和揭露现实。

当然，作品也存在不少缺点，例如人物塑造方面功力尚显薄弱，个别情节处理拖沓等等，但这些都不能掩盖作品显示出来的生态意识——小说为何叫“大道岭”，“大道无形，生育天地；大道无情，运行日月；大道无名，长养万物。”（《常清静经》）“道”含义深远。面对自然时是否应当更为虔诚，心怀敬意，开发、改造是否应当将生态而不是利益摆在第一位，这是值得现代人深刻思索的。

马国华，《大道岭》，中国文联出版社，2014年1月。

探 讨 人 性 的 长 城 小 说

以长城为故事发生地以及大背景的小说内容往往较为驳杂，其中尤以探索人性、感情等人与人之间复杂关系的小说内容最为多变。这类小说有的集中描写“文革”期间“右派”的艰难生活的，有的再现发生在长城之地甜蜜或苦涩的爱情，有的反思究竟怎样才算真正的爱情，究竟如何才能真正爱国……长城在小说中时而作为主角出现，时而成为故事发生的主要背景，有时还会带上浓重的象征意味。这部分作品形式更为多元化，有长篇，也有中篇，语言也各具特色，向人们传达的精神内涵更是各不相同。但总体看来，这类作品精神积极向上，很大一部分作品具有相当的文学价值。

第一，歌颂人间大爱的“长城爱情小说”。

长城不仅是历史遗迹，还经常作为爱情的道具，铺垫着情节的发展，歌颂着人与人之间纯美无瑕的爱情。

梁凯轩根据当年的战争经历和工作实践，先后创作了《长城作证》《长城情缘》《不老长城》三部小说。2006 年，根据其作品《长城作证》改编的十集同名电视连续剧在全国开播，讲述了十四年抗战时期冀热辽革命根据地人民英勇斗争的事迹及牺牲的烈士们的壮美故事，引起了一定反响。小说《长城情缘》描写了一批热血青年在抗日战争即将结束之际，投身革命，救死扶伤的故事。小说突破了狭隘的民族主义认知，肯定了除了侵略者之外，日本也存在着渴望和平的广大人民，这一点难能可贵。另外，小说反映了由于我军极少数人存在的极左思想和阶级偏见给许多同志带来了不公正的遭遇，显示出作者极强的反思精神。同时，作者还讴歌了在战争和救死扶伤的医疗工作中涌现出的一批坚持原则、坚持正义的好干部，正是因为他们的坚持，他们的毅力，才使我国的医疗事业蒸蒸日上。

《长城上的红纱巾》讲述了江深、郑秋月二人感人至深的爱情故事。小说中作为故事发生地和人物关系纽带的长城，熠熠生辉。二人的定情物红纱巾在长城上猎猎翻飞，将感天动地的奉献精神放大于天地间。

第二，痛定思痛、博大深沉的“长城反思小说”。

这几篇小说融入了浓重的反思精神。比如《自由的嘉峪关》描述了在晦暗荒唐的年代，右派们在夹边沟农场生产生活的故事。小说是通过采访当事人的亲身经历后写成的，纪实性很强。“右派”陈毓明和另外几个人被派往嘉峪关拾粪，他们暂时摆脱了农场生活，住在烽燧中，背靠着古长城终点嘉峪关，享受着肉体和精神上的双重自由。在小说中，苦难是被着重描写的。几个人因为饥饿放弃了自尊，每每到垃圾堆里翻找食物；陈毓明在车站遇到已是副局长的老友，深刻感到造化弄人；为了吃饱饭，他们不仅拾粪，还曾替人埋死孩子……然而种种苦难并没有打碎他们追寻自由的精神。陈毓明几个人的形象，代表了当年部分所谓的“右派”的生存状态。小说在平淡中体现着深刻，在朴实中透露着反思。

许多村庄世代与长城相依相伴（**马卫庆 摄**）

长 城 情 缘

《长城情缘》以万里长城为背景，以长城精神为线索，描写了一批热血青年在抗日战争胜利后，又投身到火热的解放战争的伟大事业中，为救死扶伤的卫生教育事业做出了自己的贡献。

故事发生在在抗日战争即将结束的20世纪40年代。有这样一群热血青年，他们虽出身各异，却都怀有一颗赤子之心。梁良是个进步青年，初中毕业投奔了八路军，根正苗红。李亚萍和梁良是中学同学，出生在一个官僚家庭，其父亲在天津沦陷之后，受日军威胁当了一个傀儡官员，但她为人正派。王和出身更为贫寒，他受汉奸财主压迫，不得已参加了八路军。

冀东大地上蒸腾出暑气，远处传来枪声，到处弥漫着呛人的硝烟，这里刚刚进行了一场同日寇的战斗。最后以日寇的失败告终。然而梁良率领的一个排，在战场上进行清扫工作，发现几位老战友都牺牲了，心中异常沉重。这时，田野上空吹来习习凉风，透迤雄伟的长城犹如一条巨大的卧龙在山岭上蜿蜒腾游，梁良、李亚萍等人对着长城宣誓，全体同志鸣枪为烈士送别。

突然刘家口村村长抬来一副担架，上面是从长城墙根下发现的女伤员，她居然是日本女学生，梁良派王和把她送到医院。这位女伤员出于感激对梁良说出了自己的名字是山田秀子，反战同盟成员。在途中，由于突发事件，王和用生命保护山田秀子并为她疗伤，山田秀子深切感到了八路军战士的善良。

不久，日本宣布无条件投降，抗日战争取得了胜利。梁良和李亚萍接到命令，奔赴新工作岗位，他们走在小路上，长城就在他们眼前，因为数天前，一番剖心的表白让他们走到了一起。如今，他们牵着手，漫步在长城的山路上。梁良把李亚萍送到师部报道，自己去军区保卫部报道。

李亚萍由于《白毛女》喜儿的角色演得成功，得到师长、政委、闫主任的夸奖。随后编写的歌剧《送郎参军》在团营上映，这时，恰巧接到紧急命令，战事又起。国民党向解放区大举进攻，李亚萍的宣传部也参加战斗。在战斗中，她英勇作战，和团长带领的后续部队共同消灭了国民党军队。

梁良所在的保卫部跟随十八旅行动，与李亚萍所在团相隔不远，所以经常抽空去看她，而这一情况被政治部主任阎景升看到了。因为阎主任对李亚萍充满好感，为此事大动肝火。为了讨取李亚萍的欢心，他假传口信并说陪她一起去天津看父母，由于李亚萍父母有敌特嫌疑，她因这封信被误认为是国民党特务，而后经过梁良和李科长对阎主任的审讯和对事实的调查，证明了李亚萍的清白。

在长城脚下罗城成立了医科大学的分校，梁良被组织分派到这里担任教训部部长，很巧的是李亚萍也被分配到这所学校。这时，国共和谈失败，挑起了新的内战，伤亡越来越多，李亚萍一头钻进学习中，很快就参加了实

民国时期的山海关东门

习。她努力学习就是为了救死扶伤，但由于李亚萍的父亲为日伪卖命，再加上有特务嫌疑，她队长的职务被撤销。这时，梁良再次为她挺身而出，证实了她的清白，很快她恢复了职务。李亚萍毕竟年轻沉不住气，她把梁良为她据理力争的情况告诉了学员，导致他被校党委给予警告处分。为此，她心中充满愤懑，仰天长叹。

医科大学冀东分校的附属医院位于古长城墙上的罗城背面，这里有许多日籍教授和专家，像日籍医生难波、乌居等。山田秀子在伤愈后，也被分配到这里工作。有一天，在战场上受伤的王和被送到这里，山田秀子认出了他，并对他细心照顾，在这断断续续的交谈中，他们彼此增加了了解，萌发了好感。待到王和痊愈后，山田依依不舍地送走了王和。可是不久王和在反击战役中再次受伤，山田秀子立即为他动了手术。山田因为本职工作多，又新增加了照顾教授难波的工作，所以请求护士长与乌居医生的妻子金顺子尽心照顾，而且自己每天都抽空去看王和，这一次，他们又加深了彼此的了解，爱情的种子悄然在二人心中种下。

随着时间的推移，王和渐渐伤愈，又到了归队的时候。早晨，晓风吹拂着长城内外的山野，山田、梁良、李亚萍早早赶来送王和归队。山田秀子此刻思绪万千，望着王和身影渐渐远去，心中充满惆怅。战争是残酷的，和平是美好的，每个人心中都盼望着和平的日子早日到来。罗城医院处在后方安定的环境中，发生了许多美丽的故事。日籍军医长岛和子与中国医生王文成的恋情是另一朵跨越国界的爱情之花。

在医科大学学习的李亚萍学习临近结束，却又出了一起医疗事故。一位战士在李亚萍做完手术后突然不明死亡，接着她被抓了起来，接受审问。由难波教授、乌居教授、山田讲师和梁良组织成的调查小组对事情进行调查分析，最后，把潜藏在人民解放军中的日本关东军飞松抓了起来，是他为了报复李亚萍而做的这件事。在校党委会上，梁良为李亚萍的不公正待遇感到不平，阐述了自己内心的想法。政治部主任李子珍为此和他进行了一次长谈，告诉他一位干部的家庭成员的政治状况至关重要，这表明他和出身于官僚家庭的李亚萍是不可能在一起的。

历史的年轮进入了1949年的春天，冀东山岭吹起阵阵寒风，可是山田秀子的心里是温暖的，她在等待王和的归来，然而，事与愿违，不久，山田秀子听到了王和死去的噩耗。此后，秀子整天心不在焉，难波教授也因此得了胃溃疡，山田对他进行细心的照顾，也许到了水到渠成的地步，他们自然地成为夫妻。

李亚萍步入新岗位的同时，梁良也被调往武汉，而难波教授和山田秀子陆续接到命令回到了自己的国家。难波教授先回到家乡，但日本当局要求返日人员必须先写自首书，表明反对中国共产党的态度后才能上岸，由于他拒不向日本当局妥协，被拒绝上岸，其妻子到来保证才勉强放行。接着，山田秀子也接到了回国通知。她同样拒绝写自首书，难波夫人到来为其作保，才将她接下船。但自此，日本当局不再让秀子及其孩子和难波接触，他们将其送至秀子的家乡。秀子独自将孩子抚养大。后来，长岛和子和王文成也回到了日本。

由于商业公务需要，山田秀子、王文成经常到中国与医科大学的战友和朋友联系，将这种珍贵的友谊维持到了永远。

梁凯轩，《长城情缘》，百花洲文艺出版社，1999年4月。

长城上的红纱巾

该小说虽然刊登于不起眼的刊物上，但却感人至深。

故事里的江深是电影学院摄影系毕业的高才生，是影坛小有名气的青年摄影家。他善拍长城，认为长城是中华民族精神的凝聚。

那一年的初夏，为了拍一张耸立于紫红色朝霞映照下的长城照片，江深借宿在山下一户农民家里，等候最佳时机。他几次登上长城实地观察，选好了拍摄主体，确定了拍摄位置和时间，连构图及色彩也已酝酿成熟。他深信他将创作一幅极具视觉冲击力的光影杰作，为此他万分得意。在山下住了一周，他终于等到了最佳时间，第二天早上，他上山准备拍摄。为了选取最佳角度，他没有站在城墙上拍摄，而是下到了长城旁一块巨石上，此时的长城好像镀了金，巍峨无比。拍摄完成后，江深很兴奋，不料脚下一滑，滚落山崖，幸而一块石头挡住了他，但他多处受伤，相机和挎包也不知所踪，而且此处荒无人烟，一时间陷入绝境。不知过了多久，江深远远看到一个红点缓慢移动，他连连呼救，终于引起注意，走过来一位围着红纱巾的女孩。她不仅救了江深，还将他的相机、挎包都找到，让江深感激不已。

后来江深得知，这个姑娘叫郑秋月，家就住在山下村里。江深被救后，就住在郑秋月家中，因为村子荒僻，与外界几乎隔绝，江深腿伤又很严重，所以他安心地住了下来。他了解到秋月一家日子并不宽裕。几只羊，几只鸡，几株栗树，二亩山地，外加秋月爹采草药，秋月在长城上卖点旅游用品。虽然各项收入有限，但加在一起就可支撑这个小家庭过上温饱日子。秋月极是辛苦。她初中毕业后，每天背着三四十斤重的货物，爬十几里山路去长城摆摊，除了大雨大雪，从不间断。她的收入主要是供弟弟上学。她告诉江深她不能忍受在这样穷困、闭塞的山沟沟活一辈子，所以要叫弟弟多念书，离开这穷地方。在治伤期间，郑家人对江深的照顾无微不至，江深、秋月相处得也非常融洽。十几天后，江深腿伤渐渐痊愈，秋月欣喜之余又愁肠百结，思绪万千。但是离别的日子总要到来，这天，江深在给郑家拍了全家福之后，依依不舍地回到了城里的家。

回城后，他心里一直忘不了秋月，每天对着她的照片回忆养伤那段快乐时光。终于有一天，他又来到了长城，远远就看到了围着红纱巾的秋月，二人一起看照片，互诉思念之情，再依依不舍地分别。此后，江深每隔十天半月，总要到长城看望秋月。一次他与朋友去甘肃，拍摄沙漠中的嘉峪关，两个月没有回来，秋月等得焦急万分。江深回来后二人相见，再也掩饰不住相思之情，深深拥抱。在江深的影响下，秋月也爱上了摄影，她用江深留给她的相机拍了几卷胶片，江深拿回做好记号收起来。冲洗出来之后，江深发现秋月拍的一张云中长城非常出色，于是取名“腾龙”寄出参加“华夏杯全国妇女摄影大赛”。一个月后，江深得到通知，“腾龙”荣获银奖，奖品丰厚，他兴奋异常，并且开始深思二人关系——他想要让秋月成为他的妻子，也是他事业的支持者，江家二老十分赞成。

第二天，江深就来到了长城，但是他并没有见到熟悉的红纱巾。情急之下，他询问长城上卖矿泉水的妇女，不料她带给他一个噩耗——秋月到“鬼见愁”拍摄的时候失足摔下山崖，连尸骨都没有找到，江深悲痛欲绝。他来到“鬼见愁”，看到秋月的红纱巾挂在树上在风中飘荡，不由悲从中来。

第二天，江深辗转找到秋宏，也就是秋月的弟弟，从他口中得知，秋月并没有死，她只是拍照时不慎将纱巾吹走，挂在树上。她本人已经在三天前嫁入大山，嫁给了一个开矿的人，以此来供弟弟上大学。江深心中黯然，将秋月参加摄影比赛的奖品和一张红纱巾的照片留给秋宏，草草写了几个字留给秋月，就此别过，再没有回来，只有松树上的红纱巾，依然飘荡在风中，诉说着这个催人泪下的爱情故事。

刘贤学，《长城上的红纱巾》，北京物价，2002 年第 10 ~ 11 期。

自由的嘉峪关

嘉峪关：万里城垣远接天

这是发生在长城重关嘉峪关所在的嘉峪关市的故事，根据历史事实改编。几个"右派"分子被派往嘉峪关积肥，在那里比在夹边沟农场要自由得多，虽然饥饿难耐，虽然没有尊严，但有自由已经足够。

1957年12月,省劳改局勘测大队干事陈毓明被打成"右派",送至夹边沟农场劳动。但因为他是从劳改系统出来的，所以农场场长对他格外厚待。1959年7月的一天，场长将陈毓明单独叫去，吩咐他带人到嘉峪关积肥。这是个相对自由的轻松的工作，陈毓明欣喜不已。

第二天，陈毓明就出发到嘉峪关找房子。因为酒泉钢铁公司下马，所以他们都认为空房子很好找，不料陈毓明找了一天，才找到了一个破旧的空窑洞。这是个古代的烽燧，两三丈高，顶上还有个木制的很高的三脚架，三脚架用黑白油漆漆上了斑马线。第二天，其余四个人也到了，看着破旧的住处，却都说好，几个人将烽燧里布置好，安然地在这里安了家。晚上，虽然都没有吃饱，但几个人都不想早睡，因为他们被突然降临的巨大自由感动着。

拾粪的日子是宁静的。虽然刚开始大家都不太适应，觉得面子上抹不开，但很快就都默默忍受了。他们每天早出晚归，除了拾粪之外，还捡来各种东西，将窑洞布置得越来越像样。他们甚至还在一天集体去了长城的终点嘉峪关。虽然就在城墙边走了走，在古长城外的草地上坐了坐，但几个人心中都很满足。

日子虽然宁静，但饥饿困扰着他们。尤其是陈毓明和张家骥，家境不好，不能随时寄钱接济，日子更苦。于是他俩经常从垃圾堆里翻捡烂菜叶、猪皮，拿回去煮着吃。而且夹边沟农场派袁厂长“视察”了一次工作，对他们的进度表示不满，并且规定一个月必须拾满一车粪。无奈，几个人只能更加早出晚归，而且高克勤、徐敬轩两人分别被派往大草滩火车站和黑山湖火车站，这样才能完成任务。

天渐渐冷了，日子更加难挨，陈毓明他们把更多的时间花在了翻垃圾找食物上。一次陈毓明从家属区垃圾堆里捡来十几个苤莲，他和张家骥用水煮煮吃了，不料胃痛难忍，几乎丧命，甚至遗书都已写好。其实，二人只是很久没吃饱过，突然吃太多，撑着了。几个人想尽一切办法找吃的，什么风干的菜叶，马粪里的豌豆，都成了他们的食物。可饥饿依然困扰着他们。

这天，陈毓明在火车站遇到了老同事麻建斌，他已是嘉峪关公安局副局长。二人当年情同手足，不料在这种情况下相遇，陈毓明心中悲凉。麻建斌给他的钱他没要，但答应他有困难去找他。很快，他们遭遇到了大危机，四天断粮。无奈，陈毓明打算去找麻建斌。在公安局门口，他遇到了一个抱孩子的女人，孩子得病夭折，想让他帮忙埋了，给了他五十块钱。几个人用这些钱度过了危机，但很多年后，陈毓明还忘不了孩子灰白的小脸。

到了八月份，农场要搬迁，袁厂长带人来通知他们不用拾粪了，回农场。几个人明白，自由的日子又将离他们远去。

雄关苍茫云海间（任德美 摄）

杨显惠，《自由的嘉峪关》，小说界，2002 年第 1 期。

外 国 作 家 写 长 城

长城不仅在我国被小说家们书写着，在国外，也有作家曾经写作过此类作品。较为著名的就是奥地利著名作家卡夫卡的《万里长城建造时》和日本作家开高健的《流亡记》。

《万里长城建造时》写于1917年，以著名的万里长城的修建为背景。八千多字的小说没有故事情节，通篇只是“我”，一位刚满二十岁的平民百姓被征修长城后关于“我们”（中国）的历史、政治、社会和文化的感想。他的许多描述、猜测和“预见”之准确、深刻，令人悚然心惊。卡夫卡在小说中写道：两个劳动大队分别从东南和西南开始修筑长城，最后连为一体。这是一种“工区分割作业方式”，即将两个大队内部又分为无数个由二十人组成的劳动小组，每段工程由两个小组分别从东西两端开始独立作业。五年完成五百米的工程，最后连成一千米的一段长城。当两个工区共同修完一千米的长城时，官方将在工地上举行工程竣工庆祝宴会，而且趁劳工们的情绪高涨之际，又把他们送到遥远的另一个长城工地。在开往另一个工地的途中，劳工们可以从上级指挥官那里得到荣誉勋章，甚至还能回到故乡休息一段时间。然而，采用这种方式修筑长城的结果是，当修筑长城的两个大队在中国领土的最北端汇合，秦政府正式宣布修筑长城的工程竣工之后，在绵延万里的长城线上，仍有随处可见的尚未连接在一起的间断性长城。这是一幅现代社会的工作图景，卡夫卡早在当年已经对未来有了压抑的想象。

《流亡记》是日本作家开高健向卡夫卡致敬的作品。故事的叙事者“我”是一个杂货店老板。“我”和其他村民一样被征为兵，离开故乡赶往首都咸阳。在途中，士兵们在“我们”身上可以为所欲为地行使他们的权力，但如果他们不能在官方规定的时间内，把所需的人员送到目的地，押送“我们”的士兵则必将被处死刑或流放，所以“我们”的脚力也掌握着他们的生与死，这样的矛盾关系使遥远的路途显得更加困难重重。到达修筑长城的现场后，“我们”被单调地分工作业分成了无数的小点，而且不同的作业之间相互独立、排斥。这种修筑长城的方式使我们对长城的依赖感完全丧失。“我”彻底地醒悟到修筑长城纯属徒劳，决定扔掉背上的砖头，走向沙漠。小说中，开高健再现了现代社会的真实图景。卡夫卡促使开高健认识到日本正在向着现代工业社会的大陷阱进发，但他无能为力，这也是作家的无奈。

这些作品代表着长城的世界影响力。无论是长城本身还是修筑长城的故事都为世界人民所熟知，由此引发的遐想更是被写入小说流传下去。如今，长城与埃及的金字塔、罗马的斗兽场、意大利的比萨斜塔等同被誉为世界七大奇迹，这是中华民族古老文化的丰碑，更是全人类在发展过程中的智慧结晶。

一批外国游客游览南口关长城，见于 1873 年《伦敦插图新闻》刊登的铜雕版画

万里长城建造时

[奥地利]卡夫卡

《万里长城建造时》写于1917年三四月间，小说并没有写完，卡夫卡生前也没有发表。1931年布洛德编辑出版卡夫卡的遗著集，首次发表了该小说，并用其作为小说集的标题。这是一篇令人费解的小说，长城的修建被卡夫卡重新想象，荒诞语境中国家机器的强大与个体的渺小被凸显出来。小说以第一人称叙述，文中的长城是永恒的存在，卡夫卡探讨的问题从空间过渡到时间，文笔游弋，晦涩深奥。小说结尾处戛然而止，给读者留下了无尽的想象空间。

小说以探讨修筑长城的方法开端——中国长城是在其最靠北的地方竣工的，此项工程分别由东南和西南开始，最后交汇在这里。在东西两路筑墙大军中，又在更小的范围里实行这种分段修筑的方法，于是修筑城墙的人就被分成一个个二十人左右的小队，每个小队负责修筑五百米，然后一个相邻的小队再朝他们修筑同样长的一段。可是当这两段连通之后，却并没有接着这一千米的头继续往下修，更确切地说，这两个小队又被派往完全不同的地区去修筑长城。采用这种方法自然就产生了许多大豁口，它们是逐步缓慢地填补起来的，有些甚至到长城宣布竣工之后才填补上。长城的动工并不轻率。在此项工程开工前五十年，中国的建筑技术，特别是泥瓦手艺已被宣布为最重要的科学，而其他各业仅仅在与其有关联时才能获得承认。我从小就站在先生的小花园里，学习用卵石砌起一种墙，这典型地反映出那个时代的精神。

弗兰兹·卡夫卡（1883—1924）

我二十岁完成了初等学校的最高级考试时，正好赶上长城开工。用分段修筑的方法，五百米约五年即可完成。当他们还在为一千米城墙连通典礼而欢欣鼓舞时，就又被派往很远很远的地方。旅途中，他们得到颁发的勋章，耳中听到的是新从内地涌来的筑墙大军的欢呼声，眼里看到的是为做手脚架而伐倒的森林，这一切都缓和了他们焦急的心情。参与进来之后，我们发现，如果没有最高领导集团，无论是我们的书本知识，还是我们的见识，都不足以应付我们的职责。领导集团、权力机构对于我们来说是个谜。但这些机构负责规划整个庞大的工程。对于分段修筑的合理性我们有所怀疑，但究竟怎样才合理需要进一步调查。对领导集团的质疑时而高涨，时而低落，每个人都成了矛盾的综合体。

长城究竟该用来防御谁？防御北方诸族。我来自中国东南部。没有一个北方民族能对我们构成威胁。那么，为什么我们要修筑长城？这个问题也在困扰着大家。北方诸族凶恶的嘴脸我们从来没有见过，但就领导集团来讲，修筑长城可能仅仅是皇帝下的一张诏书。

对于我们下层人来讲，皇室永远是一个谜。尽管如此，我们的脑子里每天都在装着皇上，这个皇上却不是当朝皇上。我们国家如此辽阔，相比之下，北京乃至皇宫都非常渺小，但皇帝却奇异地充斥了世界的每一层。帝制是不朽的，朝臣与皇帝形成帝制的平衡体。我们的百姓这样看皇上，既那样失望，又是那样满怀希望。他们不知道谁是当朝皇帝，甚至对朝名也心存疑问。早已驾崩的皇上甚至在我们这些村子里正在登基，多年前的战役可能在我们心里刚刚打响。省内巡视的皇室官员到村子里视察，我们态度暧昧，甚至不明白究竟是哪个皇帝在位。

从这种现象也许能推测出我们心里其实根本没有皇上。但是也许再也没有比我们更忠于皇上的百姓了，不过这种忠诚给皇上也带不来益处。虽然我们村口的小柱子上盘着神圣的龙，有史以来就正对着北京方向崇敬地喷吐着火热的气息，但村里的人觉得北京比来世还要陌生许多。

在修筑长城期间人的资料尤为丰富，观察者借此机会可以探索几乎所有省份的人的心灵。调查显示，各个地区对于皇上、领导集团的看法与我的家乡大致相同。它主要是由统治集团造成的，在世界上最古老的帝国里，统治集团直到今天也没有能力或忽视了将帝制机构训练得如此清晰，以使其影响力能持续不断地直接到达帝国最远的边境。不过另一方面，百姓的想象力或猜测力欠缺也与此有关，帝制仅在北京是活生生的，只在北京才能让当代人感受到。但这种欠缺却成了我们民族独特的凝聚力，就像皇上永远充斥在我们大家的生存空间中一样。这个问题是这么矛盾又深奥，因此对这一问题的研究我暂时不想再搞下去了。

在卡夫卡的小说中，故事发生的时间模糊不清。似乎是秦朝，因为长城的建造似乎刚刚开始，而且目的是防御北方民族，但与此同时也有汉朝、明朝甚至清朝的影子。时间凝固，这无疑是卡夫卡对中国的精神上的把握——封闭、落后、止步不前。在空间上，“我们的祖国是如此之大，任何童话也想象不出她的广大，苍穹几乎遮盖不了她——而京城不过是一个点，皇宫则仅是点中之点”，“我们在千里迢迢的南方，都快到达西藏高原了”，正是空间的无限使得帝国的机构与人民之间无法沟通信息，重重阻碍导致了帝国的封闭和落后，而封闭和落后又中断了时间的连续性，使时间凝固为一片沉寂。

由此，我们在阅读文本时，应当明确《万里长城建造时》中长城的意义并不在于这个伟大的建筑本身，长城是一种隐喻。小说分为两个部分，第一部分解构长城的建筑方式与目的，在卡夫卡的想象中，长城只是一种传说，修筑长城的真正意义也从防御边患演变成组织建设，另外，分段修筑长城也隐喻着帝国的内部机制。第二部分解构帝国的组织机构，权力的中心就像激流中的漩涡，虽湍急但终会形成空洞。皇帝是帝国无限权力的中心，他至高无上，但也脆弱可怜。不只长城具有虚幻性，似乎皇帝、帝国都成了传说，在卡夫卡语焉不详的呓语中，我们没有感受到气派的帝国和宏大的建筑，只看到了帝国的荒诞和长城的虚幻。

在西方人眼中，中国幅员辽阔、人口众多、历史悠久、文化灿烂，这里有森严的制度、伟大的长城、无穷的宫殿、至高无上的皇帝和任人宰割的老百姓。

不过，卡夫卡坚定地认为只有通过类似长城修筑这类浩繁庞大的工程才能窥得庞大帝国的真容。长城在广阔的空间上得以延伸，但在时间上，它似乎静止了。经历了数千年的时光，它岿然不动。由长城再去探索古老的帝国，似乎也成了神秘的存在，历经数千年而不朽。这些，实际上都是躺在病床上的卡夫卡头脑中的印记。不过作家真正开始书写之后，神秘光环逐渐褪去，不可理喻的荒诞浮现出来，帝国专制的荒诞、长城修筑原因的荒诞、长城御敌作用的荒诞，故事终究指向荒诞。

《卡夫卡短篇小说选》，外国文学出版社，1985 年 3 月。

流　亡　记

[日本] 开高健

《流亡记》中描绘的故事发生在中国秦朝。小说首先讲述了一个无名小镇的遭遇。镇上的第一建筑物当然是城墙，对于镇上的居民而言，没有城墙的生活简直不可想象。数十年来战争不断，镇上被外来军队侵略的记录不计其数，居民被杀的传说肯定是从城墙的崩溃开始。在我们这个国家无论是镇子还是村庄，只要有人住的地方周围就一定有城墙，镇子的外围是城墙，自己的家由院墙围着。如果感觉不到身体的周围有墙壁存在，连一天也活不下去。所以，自古以来，这个小镇虽然接连不断地遭到侵略，然而小镇的居民却对侵略者完全不抵抗，只是不断地修补那道几乎没有防御作用的城墙。

全国统一后，秦始皇掌握了政权，随之而来的是一段短暂而和平的日子。突然有一天，小镇来了一群看起来跟以前的侵略者毫无差别的人，这是征徭役的士兵。他们用一根长绳将小镇分成两半，其中一半的壮丁被当成罪犯抓了起来。根据皇帝的命令，这些壮丁被宪兵追赶着，浩浩荡荡地奔赴首都，开始了修建长城这一艰难的工程，牺牲了自由甚至生命。

故事的叙述者“我”是一个“杂货店”的主人。“我”和其他村民一样被征为兵，正离开故乡赶往首都咸阳。在途中，士兵们在我们身上可以为所欲为地行使他们的权力，但是他们也有他们的忧虑。从“我”的故乡到首都咸阳，再从咸阳到北方边境的路途中，被官方分割成无数的小区域。士兵们在自己的管辖区内，必须在规定的时间内把所需人员送到目的地。如果他们不能在官方规定的时间内，把所需的人员送到目的地，押送“我们”的士兵则必将被处死刑或流放，所以“我”意识到，我们的脚力也掌握着他们的生与死。不仅如此，所有人都很忙碌——全体官员们每天必须处理120千克的公文，医生每天必须给120人的额头刺上字，科员每天必须给120千克的竹简刻上字，宪兵与收税吏们为了实现皇帝的意志，不得不面对庞杂到几乎无法完成的工作，但凡有半点差错就会马上丢掉性命……

到达咸阳后，“我们”被阿房宫的建筑规模之宏大所震惊。但不久，“我们”就踏上了修筑长城的征途。到达修筑长城的现场后，“我们”被单调地分工作业分成了无数的小点，而且不同的作业之间相互独立、排斥。“我们”面对长城感到疲惫又无奈。“我”想到以前在故乡小镇修缮城墙时，大家虽然是各干各的活，但是所有居民在一片歌声中组成了一个攻不破的圆，像密集的点。每个人都能在独立的劳动中，感到自己在共同体中的存在。大干了一天，本来累到了极限，可是看到不断增高的城墙，便满足得一切都忘了。晚上，在睡梦中都会梦见“我们”像闪烁的河流进入城墙，融入镇子，所有的人、城墙和街道融成了一体。但是现在，面对长城，这种喜悦丧失殆尽。在修复“城墙”的工程中，“我们”虽然也是各尽其能，但是在工程的整体运作中能看到工程的全貌，感到自己存在的价值；而在修筑长城过程当中，“我们”完全从工程的整体运作中被疏远了，人与人之间互相排斥，甚至互相敌对。这种修筑长城的方式，使“我们”对长城的信赖感完全丧失。

最终，原本为防御匈奴而动员全国人民建造的长城，最后不过是一场巨大的徒劳罢了。“我”彻底地醒悟，意识到长城和我故乡在镇子上修筑城墙使用的是同样的运营系统，但是，修筑长城完全是我们那幼稚、拙劣的愚蠢行为的扩大而已。“我”决定扔掉背上的砖头，走向沙漠。

1959年《流亡记》在《别册中央公论》上发表之后，引发了巨大的反响。开高健在小说中致敬了卡夫卡，对卡夫卡的思考加以延伸和继续。很明显，在壮丁输送的方式和长城修筑的方式方面，开高健将一系列对于当时社会的思考注入其中。士兵必须在规定的时间内把规定的壮丁输送到规定的地点，壮丁们必须在规定的时间内完成相应长度长城的修筑，这些都影射了现代社会的劳资关系，即责任承包制——如果工人不能按时完成任务，企业经营者就有权解雇工人或降低工人的工资，相反，如果工人们不按期完成生产任务，则直接影响着企业的利益，有时甚至关系到一个企业的生死存亡。修筑长城的工人们与现代企业中的工人们一样，长年累月地在同一流水线上，重复单调而毫无创意地劳动，大家都是时间的囚犯。开高健旨在通过这种描写，象喻20世纪五六十年代日本经济高速增长期中日本人的生存状况。再有，在修筑长城过程中，人与人之间的关系由之前的亲密无间慢慢变得疏远、冷淡甚至敌对，这也是现代文明中人与人之间关系的隐喻。传统农耕文明背景下，人与人交流、沟通、合作，关系更为和谐；而现代机械文明背景下，独立的工作区域与职责，使人们的关系由和谐转为冷漠乃至紧张，“共同体”的感觉丧失，现代人的生存境遇走向孤独。

开高健，《流亡记》，成濑书房，1978年。

长　　城

[阿尔巴尼亚]伊斯梅尔·卡达莱

伊斯梅尔·卡达莱笔下的长城充满了荒诞与隐喻，似乎是一个黑色寓言。中篇小说《长城》的历史背景是中国的明朝。当时与大明王朝对峙的是处于鼎盛时期的帝国——帖木儿帝国。从1380年开始，帖木儿帝国先后夺取了伊朗和阿富汗，进而攻占两河流域；1388年征服花剌子模；1389—1395年，多次进攻钦察汗国，毁其首都萨莱·伯克尔等城市，统治亚美尼亚和南高加索；1398年进攻图格鲁克王朝首都德里，屠杀战俘约10万人，统治北印度；1402年春，帖木儿的军队进攻土耳其帝国，连下数城，兵锋直逼当时的首都安卡拉……其实，帖木儿的下一个目标应当是大明王朝。与此同时，当时大明王朝正值朱棣上位、王位不稳之时。两大帝国就这样遥望、对峙。究竟帖木儿是否真的想要征服大明，小说中疑点重重。故事从两个视角展开叙述，一个是来自明朝的宋督察，另一个是来自帖木儿帝国的勇士库特卢克。

大明王朝的人们，上自官员，下至百姓，每天都在担忧的事情就是——蛮夷迟早都会来的。而宋督察，即故事的叙述者之一，他每天思考的事情却是长城的现状、修复。战争的阴影一直都在，可长城却日渐破败。虽然有的部分非常高，高到站在上面往下看，会感到头晕，但如果一直走下去就会发现，大部分长城亟待修护，墙上的砖石已经被当地居民窃取，他们将其用来搭建自己家的房子，甚至好多地方城墙本身都已经坍塌。

当地居民总是能提前得知修复长城的消息，他们舍弃了自己的村舍，搬到山洞中。重建长城意味着紧张局势进一步升级。蛮夷使团到访又离开，国家中心的宫廷中究竟在密谋着什么，人们难以揣测。每个人内心都隐隐不安。长城在重建，蛮夷一次次在远方的薄雾中出现又消失，他们也在关注着长城的重建，同样的不安也在困扰着他们。

蛮夷勇士库特卢克是故事的另一位叙述者，他之所以不安，

是因为他们曾经战无不胜。帖木儿可汗曾经在以往的战争中激励他们："荣耀属于你们这群征服雷霆的人！"这次，面对长城这堆破"石头"，他们依然有着蠢蠢欲动的奋进之心，他们想要踏平这里，攻入对面的小镇，就像以往历次战争一样。丝绸、女人撩拨着他们的心。但是很久过去了，他们没有接到战斗的指令，首领们告诫他们对面的小镇是"棺材"，一定要小心，绝不可进入。一直以来，他们接到的命令就是："勇士，继续观望！"到底为什么，库特卢克们为之困扰。

长城西北沿线的修复工作已经大张旗鼓地展开。宋督察和手下们不无荒诞地想到，长城是如此稳固。无论千百年来中国的都城如何迁移，当下居然迁移到离长城如此之近的北京；无论历史上中国的国境线如何扩张，最终总会缩回到长城以内。宋督察不禁想到了自己姑姑的手镯，小时候手镯被戴在手臂上，长大变得丰满时手镯依然停留在原处，几乎被埋在肉里，甚至死后手镯依然停留在骨架的手腕处……长城即是这样的存在。

大明王朝的守卫者们最终知道了蛮夷统帅的名字——帖木儿，他的雷霆之威让人忧虑。而且人们已经推测到，帖木儿打算对中国用兵。果然，返回的信使带来了不好的消息，蛮夷在边界地区对着长城建起了一座瞭望塔，用割下的人头垒成。在守卫者们眼中，那些头颅透出的恐怖，比一百个要塞还要有震慑力，似乎这一堆头骨让长城的威力大大减弱。宋督察及其手下感到万分沮丧。后来，一场严重的地震毁掉了很多东西，但长城依旧屹立。不过重建工作却越来越敷衍了事。大家都知道，都城的官员们纵情酒色，深陷歌舞升平中的人们早已将边关、前线忘得一干二净。让人安慰的是蛮夷一方也没有任何动静。倒是被帖木儿击溃的突厥士兵不止一次地想要加入长城的修复工程。更有一个人私下见过宋督察，并且告诉督察，若想长城屹立不倒，必须有祭品，甚至他还为宋督察画了一座桥的倒影，这座桥上曾经镶着一个被处死的人作为祭品，但倒影背后究竟隐藏着什么秘密，谁也不知道。

与此同时，蛮夷一方，勇士库特卢克已经接到帖木儿的命令——"千万不要冒险越界到另一边，因为那样你们将万劫不复"。但是蛮夷勇士们特别想要去看看长城对面的城镇和女人，想要感受一下锃亮的镜子和柔软的丝绸。面对长城，库特卢克就像失去翅膀的雄鹰一样，他感到挫败。曾经的统帅让他策马前进，但现在，长城把他们的脸变成灰白色……

日子还在一天天无聊地度过，宋督察及其下属终于迎来了朝廷的钦差。这个来自"教坊司22号"的官员一面作威作福，一面将朝廷的混乱告诉了他们。水军要员忙于为皇帝提供增强性能力的药，大太监却掌管着舰队，内务外务一片混乱，天朝上国成了阉人的天朝。当我们开始议论来自北方的威胁时，钦差再次将事实和盘托出。原来长城的修建与战争没有半点关系，那是和蛮夷签订的秘密协约中的一个。长城曾经的功用——防御游牧民族的侵袭，在多年以后早已有了翻天覆地的变化。蛮夷现在害怕天朝，惧怕天朝之柔软。宫殿、丝绸、女人……这一切意味着堕落与死亡。帖木儿深深知道，中国被刀剑夺走的东西会被丝绸赢回来，所以他情愿让边境线封闭，也不会去进攻。蛮夷不再强大，长城不再"有用"，空虚隐藏在看似稳固的墙体之中，更存在于守卫者内心深处。一切似乎都已经被颠覆。长城如此，中国如此，帖木儿也是如此。

这时，长城脚下忽然有一名蛮夷探子死去了，他一次次疾驰在长城城墙下，并最终径直撞上了城墙。宋督察从麻痹中清醒过来。他又想到了突厥人提到的祭品，想到了那座小桥的倒影。其实，那个倒影，也许不过是这个世界呈现在我们面前的那成百上千个令人误解的影像中的一个。

死去的探子就是蛮夷勇士库特卢克。他现在已经变成了魂魄，飘过了长城，来到了这一边。在他看来，长城与真正边界的高墙相比，就像一道可笑的栅栏。他活着的时候心心念念想要穿过长城来到这边，而现在包括他在内的大部分鬼魂却都想要回去。他们吵吵闹闹、心心念念想要回到自己的国家，亲人们都在焦急盼望着，甚至他们认为整个国家都在盼望着他们回去。但所有幻想都没有让大门的守卫心软，没有人成为通行者，即便是耶稣基督也是如此。

伊斯梅尔·卡达莱是阿尔巴尼亚当代最著名的作家和诗人，在他的《长城》中，长城就是一种象征，它是文明和野蛮的分野，也透露着不同地区之间更复杂的敌对与交流。叙述者不自己开口说明全书的主旨，却由一个教坊司的小官员口里说出，这种叙事方式让人耳目一新。

伊斯梅尔·卡达莱著，孙丽娜译，《长城》，重庆出版社，2016年12月。

长 城 报 告 文 学

报告文学是从新闻报道和纪实散文中生成并独立出来的一种新闻与文学结合的散文体裁，也是一种以文学手法及时反映和评论现实生活中的真人真事的新闻文体，具有即时性、纪实性、文学性的特征。长城报告文学自然是内容跟长城有关的报告文学作品。长城报告文学作品不多，内容集中在抗战题材，以及少部分人物纪实作品。

周立波的《娘子关前》是长城报告文学的经典之作。作品写的是娘子关周边的抗战史实。作者首先展示了日寇洗劫后的娘子关内外“荒凉而凄冷”的情景。畜产被敌人劫尽了，小米被敌人烧掉或撒在沙子里了，门窗桌椅被敌人烧光了，连老百姓的砖土阬也被敌人捣毁……晋北山地上只有透骨的寒风和婴儿的泣号。接着穿插记述了作者随从的部队为了深入敌后抗日，翻山越岭，昼夜兼程，通过敌人封锁区的故事。接着又分别谈到了假抗日、真反共的国民党“豆腐军”的溃逃和汉奸走狗的卑劣勾当。最后饱蘸感情，浓墨重彩地描述了敌后人民群众和八路军游击队的动人事迹。作为战地记者，作者走遍了整个晋察冀，他的笔触真实而有力。

张帆的《长城内外》是近年来的优秀报告文学作品。它没有拘泥于枯燥呆板的战争文字，而是将名将风采、高超战术、激烈的战争以及钢铁般的意志融会贯通。古诗词在其中穿插，感情描写真实细腻。作品的意旨是明确的：一切反动派都是纸老虎，胜利永远属于正义的一方。中国共产党的领导是正确的，人民群众的力量是伟大的。在今天，这部书依然有着巨大的现实意义，那就是珍惜和平时代，共建和谐社会。

娘 子 关 前

本书记载了作家周立波深入抗日根据地晋察冀边区的所见所闻，歌颂了八路军歼灭日本侵略军的英勇顽强精神，反映了根据地人民的觉醒。表现了中国人民抗战到底的英雄气概。该书是客观介绍中国共产党领导下的敌后根据地——晋察冀边区模范事迹的优秀报告文学作品。《娘子关前》所记的是其中的一段，即1938年1月21日至23日途中两天两夜的事。当时华北处于抗日战争初期，敌人不断向我进犯，时令正当冬末春初，天气依旧寒冷。但我党领导的八路军和广大人民，克服重重困难，在敌后建立了根据地，积极开展游击战争，打击了敌人的嚣张气焰，表现了中华儿女不屈的民族精神。

娘子关抗战

文章以在太行山脉上的艰难行军开始。从昔阳东冶头北上在太行山脉的荒山巨岭间行走，一路行军十分艰险。而且，路过的村庄一片萧条，敌人的洗劫，使村民们好像惊弓之鸟，看见队伍就躲进山里。到达河北后，“我”发现河北村庄的房屋与山西有所不同，河北村庄房屋的屋顶，多不用瓦盖，而是用石灰拌桐油做成中国式的水门汀筑的。此时河北大部分都已经被占领，所以人民的生活十分困顿。我们到一家讨水喝，看到了热情的村民，全国人民都在担心河北人心已经随着日寇的占领而变化，但此时我们看到了国人的善良。虽然这里没有动员委员会，没有群众组织，但是人民的热情已经使我们看到了胜利的希望。

到了敌人的封锁区前，我们的行军不得不小心翼翼。敌人可能从旧关和娘子关两地出兵，截断我们的归路和去路，在公路与铁路之间，夹攻我们；另外，那七十米的桃水，虽然有桥，却是易守难攻，一旦被敌人发现，将十分凶险。但这些战士们却泰然处之。尤其是队伍里的唯一女性——聂荣臻同志的夫人张瑞华，更是显示出超乎寻常的勇气。

核桃园是井平公路旁边的一个大村庄。这个村庄经历了多次杀戮。国民党军队作战不利，敌人进村后屠杀了三百多人。敌人派遣了汉奸在这里组织了维持会和村民自警团。同志们路过这里时嘲笑了汉奸的卖国行径。从核桃园到桃水桥这一段路，是在紧张之中过去的，但终究平安渡过。安全通过靠的是护送的同志，但他只能陪伴队伍走到桥头。同志们依依惜别，“我”的心思久久不能平静。一路走来，平安无事。这里距

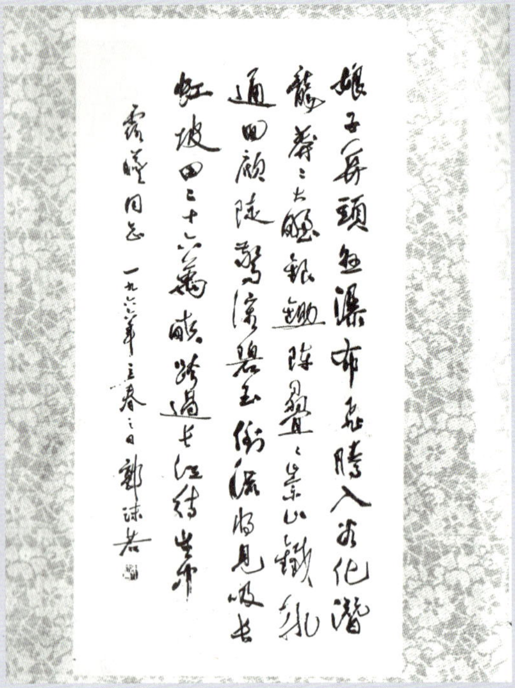

郭沫若诗《过娘子关》手迹

离娘子关敌人的据点只有两里半路，但靠着同志们的互相帮助，再加上连日的急行军，所以敌人被远远抛在了身后。虽然行军艰难，同志们依然为一天翻过八个山头而感到雀跃。

到了边区，“我”看到我军张贴出的布告，看到游击队热火朝天地在练兵，感到热血沸腾。继续向前走，又看到了年轻的八路军士兵在那里上课。这时已经近午，村鸡在啼，狗睡在麦田里，野外的羊群里，时常发出羊的和谐的叫声，一切都这么平和，使人想不到这是在敌人的后方的地域。走进村里，神经不像夜里紧张，身体也跟着感到了疲倦。正要找地方睡，突然看见一家人家的墙上有四个巨大的字：还我河山。字态极雄壮。看了这雄壮的字，又想起了娘子关前的经历，大家热泪盈眶。

这是一篇以记叙为主的报告文学作品。它根据主题的需要记叙了以下四个方面的内容：第一，为读者展示了日寇洗劫后的娘子关内外“荒凉而凄冷”的情景。牲畜被敌人洗劫一空，小米被敌人烧掉或撒在沙子里，门窗桌椅被敌人烧光，连老百姓的砖土炕也被敌人捣毁……读者一下子被作者带进了那灾难深重的时代，激起对法西斯制度滋生的侵略者的无比仇恨。第二，穿插记述了作者随从的部队为了深入敌后抗日，翻山越岭，昼夜兼程，通过敌人封锁区的险境。既有“面”上的概括记叙，也有“点”上的细节刻画。十四岁的“小鬼”和唯一的女性张瑞华同志不畏艰险的精神面貌，足以显示这支部队坚强的战斗力。第三，“核桃园”和“我们捉住了四个小汉奸”两节，分别记叙了假抗日、真反共的国民党“豆腐军”的溃逃和汉奸走狗的卑劣勾当。第四，作者饱蘸感情浓笔重彩地描述了敌后人民群众和八路军游击队的军民鱼水情。热情为部队端水的村妇，护送部队通过险境的不知名的同志，反复在敌占区书写抗日标语和张贴八路军布告的战士，衣衫褴褛却使敌人畏如狮虎的游击队员的形象，都充分说明英雄的中华儿女是不可征服的。

周立波作为战地记者，曾经走遍晋察冀边区，他生动地通过这四个侧面的描写展现出这场伟大的抗日战争的图景。这几个典型场景，围绕抗日的中心，被朴素、平实地叙写出来。长城作为背景，使民族精神表达得更加宏阔。

周立波，《娘子关前》，汉口读书生活出版社，1938年6月。

长城内外

《长城内外》是一部长篇军事题材报告文学。它借用真实历史题材，形象生动地再现了中国人民解放战争中发生在长城内外的一场场腥风血雨。本书旨在通过其所在的华北野战兵团，反映出中国人民解放战争的伟大壮举，评论家们对此书作出了较高的评价。

1945 年 8 月 14 日，日本通知中、苏、英、美政府，接受无条件投降。8 月 15 日，日本天皇广播投降大诏。喜讯像闪电般传遍了祖国大地，长城内外锣鼓喧天。平原山区，欢乐飞扬。人们彻夜狂欢直到黎明，整个民族沉浸在喜悦之中。然而，蒋介石等人无视这种和谐，表面上玩弄和谈阴谋，内里却积极部署，抢占胜利果实，企图发动内战。而中共一方却依旧为争取和平而积极努力。

内战爆发后，为了推迟和阻止国民党军进犯，促进重庆和平谈判，人民解放军先后进行了上党、邯郸、津浦、绥远战役。为应对蒋介石夺取张家口的阴谋，聂荣臻飞返晋察冀，罗瑞卿则调到北平军调部，参与和谈。蒋介石想要得到美国的支持，制造了“安平镇”事件，给美国直接干涉我国内政创造了机会。不过这一阴谋被我方代表看穿。鉴于张家口独特的军事地位，贺龙来到张垣，晋察冀的战略形势一时间紧张起来。蒋介石派傅作义夺取张家口，由于军事指挥错误，大同、集宁失守，傅作义采取“暗度陈仓”的策略，一举攻下了张家口，形势危急。从大局考虑，聂荣臻决定撤离张家口，坚守怀来长城线的解放军也开始主动撤离。在丧渡口，罗瑞卿说明了撤离张家口实际上是为了丢掉包袱，集中歼敌，鼓舞了大众的士气。与此同时，周恩来为新华社写了一篇题为《评马歇尔的离华声明》，并在第二战线上展开与国民党反动派的斗争，争取得到中间力量的支持。

在美国政府的支持和援助下，蒋介石在长城内外大举进攻解放区，势头无比嚣张。为了应对此种局面，中共召开涞源会议，对部队的战斗序列进行了调整和充实。在随后的一次战斗中，野战队第一营营长朱彪指挥全营，沉着作战，夺取刘家沟，并为该营赢得了“钢铁第一军”的称号，得到了广大人民群众的支持与崇拜。在又一次战斗中，发生意外，贾振武指挥失误，致使一群老百姓死亡，他面临着军法的严惩。但是因为解放军在老百姓心中的地位，善良的乡民们集体请命，救下了贾振武。如此军民和谐的场面，感天动地。在这样的大环境下，我军逐渐占据了主导地位。蒋介石调兵遣将，欲歼灭我军。我军在保定北部阻击，成功歼灭第三军，攻克石门，国民党将军石英狼狈逃窜，石家庄被解放。在杨得志、罗瑞卿的配合下，我军控制住了热河及冀东走廊。1948 年 9 月，锦州形势紧急，平张古三角争夺战打响。随后杨成武兵团西出绥远，解放绥东、绥西广大地区，包围了归绥城，大大缓解了战斗压力。

蒋介石、傅作义企图偷袭石家庄，作战图被我军地下党员获取，毛泽东亲自写稿将其公布于世，偷袭计划宣布破产，蒋介石陷入窘境。1948 年，战略时机已成熟，

长城内外，满目苍翠

中央决定发动辽沈战役，攻打锦州。林彪最初反对，但在中央及罗荣桓的坚持下，最终达成一致。辽沈战役结束后，东北全境解放，蒋介石大怒，卫立煌最终成了替罪羊。但无论如何，败局已定。随后我军又组织了平津战役，聂荣臻作为总指挥之一，前往长城考察。蒋介石命傅作义指挥华北战场，两军在长城沿线即将开战。中共中央研究部署了平津战役的攻打策略，决定采取围而不攻、隔而不围的策略，双方在张家口陷入僵持。随后，华北野战军开始发动大规模进攻，并冒雪向长城线集结。罗瑞卿、杨得志率军增援。与我军的同仇敌忾相比，国民党军队内部却产生了分歧。安春山率部分军队冲出新保安，随之被俘，后来其化装逃回北平，国军将领郭晨云兵败自杀，新保安战役以我军大获全胜结束。随着战争的向前推进，杨成武率军解放张家口，刘亚楼率部解放天津……一个又一个好消息传出，鼓舞着我军的士气。国民党当局已知败局难以挽回，傅作义经过了激烈的思想斗争，派代表和谈，并电告全国，北平接受和平改编。

随后中共召开七届三中全会，蒋介石被迫和谈，然而和谈破裂。随着山西的解放，西北守军纷纷起义，最终西北解放。

战后的北平宁静中透着欢愉，中共中央召开政协会议，各界名人积极参与，众人感叹人民力量的伟大——晦暗的年代已经过去，历史已经翻开了新的篇章。

张帆，《长城内外》，大众文艺出版社，2003 年 5 月。

长城拒绝征服，但从未拒绝交流，和平是它永恒的主题

附　录：作　品　节　选

《李自成》第九卷：兵败山海关（节选）

姚雪垠

（吴三桂降清，将李自成逼入绝境）

李自成说道："我奇怪吴三桂的父母和全家都在我的手中，他到底为什么忽然变卦，决心与我为敌。献策，你是军师，二虎平日可向你禀报过么？"

宋献策欠身回答："回陛下，自从在襄京建制，刘体纯专掌指挥细作，刺探敌情，向臣禀报，建功不小。但是凡关于我朝得失大事，政事内情，外边怎么议论，他从来不露口风。如今他要向陛下陈奏的，事关吴逆由打算投降到决计背叛，甘为汉奸的曲折实情，不妨让他奏明，以便我们制定应变之策。"

李自成向刘体纯轻轻点一下头，意思是让他快说。刘体纯接着刚才未完的话头启奏：

"吴三桂正在举棋不定，忽又得到细作禀报，说我们的总哨刘爷住在田皇亲公馆，听说田皇亲病死后留下两位美妾，都是江南名妓。一个叫顾寿，在北京城破前跟着田府中一个唱小生的戏子逃走了。刘爷一怒之下，杀了几个有牵连的戏子。细作又报称刘爷听说还有一个叫陈圆圆的，也是田皇亲带回的江南名妓，比顾寿更美，就派人将吴襄抓来，逼他献出陈圆圆。吴襄回答说陈圆圆已经到了宁远。刘爷不信，拷打吴襄。实际上……"

李自成说道："实际上我立刻下旨，叫刘爷将吴襄送回家去，对吴公馆妥加保护。"

"臣知道皇上为着招降吴三桂，对吴公馆妥加保护。臣刚才所言，是指吴三桂的细作回去向吴三桂禀报他父亲吴襄受到拷掠，激起他拍案大怒，决意反抗大顺，赶快向满洲借兵。"

"吴三桂决计不降，还有别的原因么？"

"还有，还有，至少还有三个原因。"

"哪三个原因？"

"据细作禀报，在山海城中，吴三桂同文武官员们纷纷议论，指出我大顺占领北京后很快就露出了要命弱点。比如说，我朝让数万将士驻扎城内，住在民宅，军民混杂，发生抢劫百姓、奸淫妇女之事，引起许多妇女自尽，这件事最失人心。第二件事，北京虽是繁华京城，俗话说在皇帝辇毂之下，居住着许多勋旧世家，达官贵人，可是最多的还是平民百姓，他们既不能靠俸禄，也不能靠庄稼，好像是在青石板儿上过生活。他们平日生活就十分艰难，何况乱世？千家万户的平民百姓平日常听说李闯王率领的是仁义之师，所到之处开仓放赈，救民水火，可是进北京后不但无开仓放赈之事，反而骚扰百姓，使百姓大失所望，日子反不如从前，由人心厌明变成思念旧主。北京城内和四郊地方常贴出反抗大顺的无头招贴，防不胜防，禁止不住。这种情况，吴三桂的细作岂能不报到山海？能够瞒得住吴三桂么？还有，陛下，我大顺兵进了北京，军纪迅速瓦解，士气低落，这种情况，陛下清楚，总哨刘爷清楚，军师清楚。我们自己人清楚不打紧，被吴三桂探听清楚，他怎肯降顺我朝？何况他对满洲的动静，十分清楚！"

听了刘体纯的大胆启奏，李自成、刘宗敏、宋献策和李过都十分震动。李自成既后悔他不该离燕京悬军东征，又生气刘体纯竟对他隐瞒敌情，使他今日陷于进退两难之境。刘宗敏因为离开长安后身任提营首总将军，到北京后位居文武百官之首，所以刘体纯这一阵跪在皇上面前的披沥陈词，所奏的每一件重大失误都与他有关，心头十分沉重，脸色铁青，低头不语。宋献策因为身任军师，刘体纯在军师府的领导下分掌情报工作，对刘体纯所说的各种情况，也大体清楚，所以他曾经竭力谏阻皇上御驾东征，甚至不避自身祸福，向皇上说出这样的话："陛下东征对陛下不利，吴三桂西犯对吴三桂不利。"他当时猜到清兵必会南犯，但是一没有料到清兵南犯这样快，二没有料到清兵在行军的半路上招降了吴三桂，转道直向南来，没有枉道密云一带，于今日来到了山海关前。宋献策原来尽力谏阻皇上悬军东征，没有成功，他就作退一步打算，决定到石河西岸停下来，诱敌出战，倾全力打个胜仗，使敌人丧失锐气，然后退兵，在北京的近郊迎击清兵。然而目前看来，这一打算也将要落空。多尔衮今夜必然进关，明日与吴三桂合兵对我，结果如何，已经可以判定。他现在所考虑的不是明日如何对敌作战，而是如何劝皇上赶快退兵。但是就在这同一时刻，他想到退兵实不容易，有可能全军覆没。此地距北京七百余里，中途无一处险要地方可以暂时固守，阻挡追兵。以大顺军的目前实情而言，在退兵路上可能会溃不成军，一败涂地。想到这里，宋献策不由得想到"白虹贯日"的天象，心头一凉，向皇上的显得憔悴的脸孔上望了一眼，忽然发现就这几天，皇上的鬓边出现了不少白发。他还看见，皇上因为连日操劳过度，睡眠很少，眼窝深陷，印堂发暗，大眼角网满血丝，使他在心中更加吃惊。在惊惧中，不禁又想到"白虹贯日"的凶恶天象。

宋献策很赞成刘体纯向皇上披沥陈奏，说出了他平日不便上奏的实情。在刘体纯的话停顿时候，他想着满洲兵已经来到，明日的大战绝难取胜，在心中说道：

"我身为军师，不能谏阻皇上悬军东征，致陷于今日危险处境，奈何！奈何！"

他已断定，明日会有从海面刮来的一阵狂风，满洲精锐骑兵会趁着狂风猛冲我阵；他还根据"白虹贯日"的天象，断定了满洲兵和关宁兵明日必将拼命攻击大顺军的御营，一则为杀死或活捉大顺皇帝，二则为夺去吴襄，三则为夺去崇祯的太子和永、定二王，绝了明朝遗臣和百姓的复国之望。当然，宋献策十分明白，目前在多尔衮的心中，在明日的决战中，他主要的目的是要杀死或活捉李自成，其他都不重要。想到这里，他的脊背上蓦然出了冷汗。

他虽然出身于星象卜筮之流，二十载浪迹江湖，但是他毕竟是一位奇才，足智多谋。这时他忽然想到常说的一句话："三十六计，走为上计。"同时决计向皇上建议，今晚迅速退兵，避免明日决战。如何能使皇上听从他的建议呢？他感到没有把握，抬起头来，以忧虑的眼神望着李自成的脸孔，等待建议的机会。

此刻李自成的心头很是沉重，失悔不该不听宋献策和李岩的谏阻，对吴三桂的情况估计不足，陷于今日进退两难之境。他向宋献策、刘宗敏、李过，也向刘体纯扫了一眼，叹口气说：

"孤原来以为，吴三桂只有一座孤城，看见我亲率大军来征，必然恐惧，愿意降顺，所以我将他的老子和崇祯的三个儿子都带在军中，以备对吴三桂招降之用。没有料到，吴三桂竟然会如此倔强！二虎，你说，吴三桂为什么如此倔强，有恃无恐？你要将实情启奏！"

刘体纯说道："臣派遣细作，混入山海，有的混入吴三桂军中，探听许多实情，有些情况不敢上奏，请恕臣死罪！"

"胡说！你是孤的亲信将领，所以才委任你掌管侦探敌情重任，为什么你知道的事情对孤隐瞒？我不是白依靠了你？!"

刘体纯对皇上的震怒，浑身一颤，但想到大军已处在十分危险境地，干脆抬起头来，心情沉痛地说：

“自从破了北京，皇上住在深宫之中，臣去武英殿叩谒皇上很难。皇上与朝中大臣，以为天下已经到手，江南不须用兵，可以传檄而定。朝廷上一方面忙于演习登基典礼，一方面忙于拷掠追赃和赏赐宫女。臣纵然知道许多敌方情况，也不敢完全启奏陛下，怕的是引起陛下的心中不快。臣今日因为想到明日上午大战，情势紧急，关系重大，所以趁陛下在御帐午膳时候，甘冒重罪，晋谒陈奏。总起来看，吴三桂之所以敢与我朝为敌，一是他对我大顺军占领北京后的种种腐败情况，十分清楚，认为我虽然夺取了明朝天下，也不是长久局面，所以他心中对我轻视。二是他对满洲情况，一举一动，十分清楚，多尔衮何时率兵南犯，要从何处进兵，他都探听得清清楚楚，所以他敢于同我为敌。多尔衮出兵时候并不知吴三桂可以迅速招降，所以原打算采取往年惯例，从密云一带进入长城，直趋北京，不意吴三桂向他借兵，派去的使者同他在翁后相遇。多尔衮立刻决定封吴三桂为平西王，允许事平之后，让他的本部将士仍回宁远屯驻，用这句话收买吴三桂部下将士的心……”

李自成问道：“这是一句空话，怎么能收买住吴三桂部下将士的心？”

“皇上，同样一句话，目前出自多尔衮之口，就能收买住宁远将士之心。目前，辽东全境都归了满洲，宁远和附近的大小城堡，全为满洲所有。多尔衮是摄政王，虽无大清皇帝之名，却有皇帝之实，所以他说的话就货真价实，日后可以落实。吴三桂的部下文武，大部分都是宁远一带人，那里有他们的祖宗坟墓，有他们的很多土地房屋。那里是他们的根。吴三桂奉旨勤王，才到玉田，北京失守，崇祯自缢，明朝灭亡。吴三桂的部下文武官员与士兵突然失去所依。十余万进关百姓，一旦成了难民。按照一般道理，吴三桂很容易受我招降，何况他的父母和全家人都在北京，成了人质！可是他竟然硬不投降大顺，反降了满洲，成为我朝的劲敌。这是我大顺朝一大失策。可是，臣近来常想，吴三桂并不是脑后生有反骨，不是天生的汉奸坯子，为什么会有今日这种结果？我朝文武群臣，不能不想一想，我们进了北京以后，为什么失去民心，使吴三桂与关宁将士不肯拥戴，使山海城中的士民们鼓励吴三桂同大顺对抗。皇上，明日上午是决定生死存亡的大战，臣说不定会战死在石河滩上，所以臣此刻冒死说出来进北京后耳闻目睹的一些实情，请皇上三思！”

刘宗敏脸色沉重，说道：“如今说这些话有什么用？还是商量军事要紧！”

李自成说道：“不，让二虎说下去，说下去！东征以来，孤对进占幽州以后的许多事情处理不当，也是深为后悔。二虎，你还有什么要说的？”

刘体纯对大顺朝的牛金星和刘宗敏文武两位大臣很有意见，只是有些话藏在心中，没有机会吐出。此刻因大顺朝处境凶险，明日他可能战死在石河滩上，大顺朝前途难保，所以经李自成一鼓励，又看见军师也在用眼色鼓励他说下去，他一狠心接着说道：

“陛下！破了幽州以后，我大顺军数万将士驻在城内，占住民宅，军民混杂，自然会军纪败坏，引起士民不满，重新思念明朝。大局未定，正需要施行仁政，收揽人心，可是我朝的文臣武将们没人料到满洲人会兴兵南犯，更没有人料到吴三桂敢坚不投降，并且差人向满洲借兵。大小武将们除抢掠钱财之外，又纷纷抢掠美女。有一天臣骑马从田皇亲府的门前经过，恰好遇到两辆轿车也到田府的大门外停下。许多人驻足观看，小声谈论。我也勒住马缰，立马照壁里边观看。随即看见从第一辆轿车上下来四个穿戴标致的仆妇丫环，走向第二辆绿呢亮纱轿车。首先，绿呢车帘揭开，从车中下来一大一小两个花枝招展的漂亮丫头，随即扶下来一位浓妆打扮的大家小姐。小姐下车以后，立刻由丫环仆妇们前后左右侍候，进了田皇亲府中。过了两三天，听说士兵们纷纷议论，说打了十几年的仗，皇上争得了天下，将领们封了侯、伯，分了金银美女，士兵们平时卖命，破了北京后却依旧两手空空。不知谁将下边的纷纷闲话传进宫中，蒙皇上降下上谕，放出几千宫女，赏赐中、下级武官。罗虎驻军通州，被叫来北京，告他说皇上赏赐他一个姓费的美女，并在京城内赏赐他一处住宅，命他马上成亲。罗虎虽然比我小五六岁，称我二虎叔，可是一向同我的感情很好，无话不谈。他和双喜同岁，都是在孩儿兵营中长大的，可以说情逾骨肉。罗虎的母亲年轻守寡，誓不改嫁，茹苦含辛，抚养他们兄弟二人。罗虎是个孝子，他不愿娶一位宫中美女，像摆花瓶似的供在家中。他只想娶一个农家姑娘，照料他吃苦守寡的母亲。罗虎有一个远房表妹，住在邻村，小时候见过几次。这姑娘虽然不是美人，可是生得明眸大眼，针线活、地里活都是一把好手。家里大人也为他们提过亲事，只等战争平息，便为他们拜堂成亲，同母亲住在一起。罗虎听到皇上赐他美女，实不愿意。他先找双喜商量，求双喜在皇上面前替他求情，辞了赏赐。双喜不敢为他说话，要他找我。臣也不敢替他见皇上说话。他去找总哨刘爷求情，被刘爷痛骂一顿……罗虎成亲的那天晚上还想着他的受苦大半生的母亲和在家乡等候着他的表妹，心中十分难过。他本不会喝酒，别人不知，只管劝酒——只有我跟双喜没有劝酒——他被灌得大醉，回到洞房中倒头便睡，到后半夜被费宫人刺杀了。常言道，千军易得，一将难求，罗虎啊，多么难得的一员青年将领！多么可惜！”

刘体纯说到这里，声音开始哽咽，站在他背后不远处的李双喜开始滚出眼泪，但是竭力忍耐着不敢哽咽。

李自成不由得叹息一声。

姚雪垠，《李自成》，中国青年出版社，1999年8月。

《碧奴》（节选）

苏 童

（得知万岂梁死讯后，碧奴悲痛欲绝）

上官青带人在石场附近搜寻那个青云郡女子的时候，听见石匠们的凿石声有一种阴郁而悲伤的音调。他无意中发现好多石匠们的铁钎下飞溅出来的不是石屑，而是晶莹的水滴。几颗水滴溅到了上官青的脸上，手一摸是滚烫的。上官青疑惑地上去察看，先看他们手里的铁钎和锤子，再看他们的脸和眼睛，石匠们指着满地湿漉漉的石头说，你还是看看石头吧，这石头上一夜之间凝了这么多水，怎么抹也抹不干。

石头果然像是从水里捞起来的，闪着湿润的光芒。上官青瞪着一块石头，说，夜里一没下雾二没下雨，石头上哪儿来的水？难道石头会流泪吗？石匠们说，我们也不知道石头是怎么回事，自从万岂梁的媳妇来过之后，石头都开始流泪。反正我们没流泪，是石头在流泪！带来了许多蹊跷的水滴，那个青云郡女子却从石场上消失了。没有人看见那女子往哪儿走，上官青向石场上的每一个人打听过了，大多数石匠的眼神显示他们是洞察秘密的，但他们都坚定地摇头，说，我们在凿石头，我们不知道她去了哪儿。也有人胆大，对捕吏说话也敢阴阳怪气，是青蛙给那女子带路的，我们又不是青蛙，怎么知道她去哪儿呢？后来还是一个憨厚的老石工向上官青指点了迷津，他指着满地的石头说，你们顺着滴水的石头找她去吧，她爬过的地方，石头都是湿的！长城北方的天空剪出一片连绵的山影，天空之下山峦之上，就是逶迤千里的大燕岭长城了。长城在初冬的阳光下闪出锋利的白光，把天空衬托得萎靡不振。长城其实是一堵漫长无际的墙，一堵墙翻山越岭，顺着群山的曲线向远方蔓延，看起来像一条白色的盘龙，那白色的盘龙就是长城。长城其实就是一堵山上的墙，一堵墙见山便骑，骑在无数的山峦上，给山峦披戴上一排坚硬的峨冠博带，那山峦上的峨冠博带就是大燕岭长城。

大燕岭的民工们看见了万岂梁的妻子，她像一个飞来的黑色首饰，小小薄薄的一片，镶嵌在断肠岩的峨冠上。

碧奴抱着一块石头，跪在断肠岩上哭泣。那么陡峭的山峰，那么难走的羊肠小道，一个病歪歪的女子，怀里还抱着一块石头，不知道她是怎么上去的。有人说是一只神蛙把她引到了断肠岩上，其他民工都不相信，看见山鹰在那女子的头上盘旋，说，断肠岩那么陡那么高，青蛙都上不去，兴许是山鹰把她叼上去的吧！

浮云从断肠岩上飘过，在山腰上筑城的人有时能看见碧奴，一个小小的人影子，云一退就浮了出来。他们听不清她哭泣的声音，听见的是风声呼啸，从断肠岩吹来的风，每一阵风都在呜咽，那风吹到民工们的身上，是湿润的，像南方的风，有点黏稠。

运石头的挑夫还在往高处走，挑夫们像云朵一样向断肠岩聚过来，很快又飘走了。他们在半山腰听说一个青云郡女子拖着一道奇怪的水迹上了山，这些来自青云郡的挑夫追着山路上的水迹疾步如飞，很轻易地追到了碧奴。可是看见碧奴的泪脸，他们就摇摇头走了，失望地说，不是我媳妇，我就知道我媳妇吃不了那个苦，不会是我媳妇！

有人在山下就听说了，是万岂梁的妻子上了断肠岩，他们挑着石头追那道水迹，像是追踪自己的妻子，追到断肠岩下他们都站住了，说，万岂梁的媳妇，好可怜的女子！走了一千里路来送冬衣，哪里还有穿冬衣的人？万岂梁骨头都没给她留一根，看那冬袍呀，穿袍的人都没了，她还把袍子卷在背上呢！

所有的挑夫都像云一样从碧奴身边飘走，只有挑夫小满从山下接受了一项特殊的使命，他挑着一对空箩筐，沿着路上的水痕一直追上断肠岩，看见碧奴就停下来了。他匆匆地把路边的石头往一只箩筐里放，另一只箩筐一脚踢到了碧奴身边。你是万岂梁的媳妇吧，赶紧进这只箩筐来！小满说，这么高的山，上官青大人爬不上来，他让我一只箩挑石头一只箩装人，让我把你挑下山去呢！

碧奴看了眼箩筐，她慢慢地把那件玄色滚青边冬袍脱下来，放进了箩筐。

不是袍子！小满说，让你人进筐呢！

碧奴抱起那块石头，对小满说，报应，报应呀，从五谷城抢来的冬衣，老天不让岂梁穿。

小满听不清她在嘀咕什么，他把那冬袍拿起来抖了一下，说，很暖和的一件冬袍呀，你怎么丢掉袍子去抱石头？抱石头没有用，人都死了，给山神献多少石头也没用了！赶紧把袍子穿起来，进我的箩筐，我带你下山去拿万岂梁的号签，你可以去领七个刀币！

碧奴把小满扔回来的袍子踢开了，她不肯再穿那件袍子，情愿抱着一块石头，她抱着石头跪在堞墙边，朝山谷里张望，她说，报应，报应呀，抢来的冬衣，岂梁怎么穿得上？

你别对着山谷说话，是我在跟你说话！小满恼怒地走到堞墙边，看见山谷里飘满了淡蓝色的岚霭。他说也就剩下这些蓝烟了，自从断肠岩出了事，这山谷里白天黑夜地冒烟，说是死人的魂，你跟烟说话有什么用呢？死人的魂烟你又带不走！

碧奴指了指山谷，她开始张大嘴对小满说着什么，但小满听不见她的声音，只看见她满面是泪，手指上也坠下了亮晶晶的水珠，雨点般地落到城墙上。

怎么流了那么多眼泪？碧奴的泪脸把小满吓了一跳，他下意识地捂了捂眼睛，大叫道，我从北山的双龙寨来呀，跟你们桃村就隔一座山！北山下的人不可以流泪，死了丈夫，你得用耳朵哭，用嘴唇哭，用头发哭！你的泪水怎么从眼睛里出来了？不可以从眼睛里出来呀！

泪水从碧奴的眼睛里奔涌出来，就像泉水冲出山林一样自然奔放，看起来桃村的女儿经已经被她遗忘了。碧奴尽情地哭泣着，一边哭泣一边手指山谷，她在向小满诉说什么，可除了刺耳的哭声，惊慌的小满什么也听不清。

坟？你要个坟？小满努力地从碧奴的嘴唇上分辨她的语言，他说，山谷里哪来的坟？这是长城呀，你以为是在你们桃村呢，随便就给死人垒坟？西边坡上有一个大野坟，大燕岭的死人都埋那里，你赶紧进这只箩筐，我带你去大野坟，你到那里给万岂梁垒个坟。

碧奴枯裂的嘴唇上也淌满了泪水，她哭得更凄厉了，说话的声音也急促起来，听上去像噩梦中的呓语，小满突然听清了两个字，骨头，骨头。骨头在哪里？

哪来什么骨头？你要去捡万岂梁的骨头？没地方捡的！他们十几个人是山崩死的，人都埋在石头里了，上面的城墙一修好，人骨头也做了墙基啦！小满有点烦躁了，突然从怀里掏出一团麻线，说，不准哭了！看看这是什么？上官大人让我堵住你嘴的！你不知道大燕岭的规矩呀，再伤心也不准哭出来，住在北山不准哭，上了大燕岭也不让哭的！简羊将军最听不得哭声，怕把大燕岭的人心哭乱了，耽误了工程！小满用手把箩筐扫了一下，然后将箩筐横倒在地上，筐口对准了碧奴，进来吧，再不进来我要遭殃的。他说，大姐你别连累我呀，你是个女子，又是万岂梁的媳妇，我跟你乡里乡亲的，不好动手把你当石头搬，自己爬进来吧。

碧奴推开了箩筐，掉转身，看见小满抓起箩筐跑到另一端对准了她，小满的另一只手摸了摸别在腰上的扁担，看起来扁担也快要派上用场了。小满怒叫道，都是苦命人呀，不是你一个人死了丈夫，不是你一个人会哭，我们四兄弟一起上的大燕岭，现在就剩我一个啦！你一个人流泪，不知道多少人跟你遭殃，你别逼我，我数一二三，你不进箩筐，我就动手了！

小满抽出扁担对准碧奴，嘴里数了起来，他数到一的时候碧奴的哭声停止了，数到二的时候碧奴歪斜着站了起来，数到三的时候小满发现碧奴是要跳崖，他扔下扁担冲过去抱住她，抱到箩筐里，他觉得碧奴的身体像一片羽毛一样轻，而她身上丰饶的水滴溅在他的脸上，他的眼睛被一层泪雾蒙住，突然睁不开了。小满抹眼睛的时候听见他的箩筐在咯咯地响，所有的柳条在泪水的腐蚀中发出了破碎的响声。你别哭了，你把我的箩筐哭烂了，我们下不了山，下不了山你跳崖，我怎么办？只好跟你跳！小满抹不掉她的泪水，很快他发现那泪水是从自己的眼睛里流出来的，他努力地睁开泪眼，用扁担穿进箩筐的耳把，扁担一挑，那耳把就断了。让你别哭你偏哭，你把箩筐的耳把哭烂了，我怎么挑你下山？小满怒吼着朝碧奴举起扁担，扁担举到半空中就掉在地上了。小满看见一张世界上最熟悉的泪脸，像她母亲那么苍老，像她妹妹那么悲伤，那女子就像他母亲和妹妹坐在筐里，对着他哭泣。她的眼睛里铺开了一片湿润的天空，那天空里下起了滂沱的泪雨。

于是小满也坐在他的扁担上哭泣起来。俯瞰断肠岩的山谷深处，那些传说中死人的魂烟大雾般地弥漫上来，整个山谷沐浴着一片泪水的白光，云和风在半空里呜咽，树和草在山坡上饮泣，石头、青砖和黄土在城墙上垂泪不止。一只山鹰低低地掠过小满的头顶，几滴冰冷的水珠打在他额头上，小满怀疑那是山鹰的眼泪。小满听见两只箩筐相对而泣，一只箩筐率领着三块石头，另一只箩筐却被一个女子率领着，柳条、石头和人一起哭泣，一时分不出哪一只箩筐哭得更响亮，哪一只箩筐哭得更哀伤。太阳突然晃了一下，小满正要搜寻太阳的眼泪，听见北方风声乍起，一阵黄沙飞卷着翻山越岭而来，漫天飞沙中小满看见岂梁的妻子爬出了箩筐，她把系在腰上的葫芦解下来了。

他看见岂梁的妻子在给一只葫芦安排归宿，那只葫芦跃过城墙，沿着陡峭的山坡滚落下去。小满分不清碧奴是把葫芦献给山谷，还是献给山谷里岂梁的幽魂。他有生以来头一次听见了葫芦的爆裂声，那只葫芦发出一声沉闷的巨响碎裂了，一注晶亮的泪水飞溅开来，像一道奇异的闪电。小满看见那道泪泉发出宝石般刺眼的光芒坠向山谷，整个大燕岭似乎都抽搐起来，长城在微微地颤动。莫名的恐惧让小满伏在坡上一动不动，他感觉到山崩地裂的种种预兆，于是小满对着城墙边的碧奴喊起来，要山崩了，你别站在崖上，快回到箩筐里来！

碧奴跪在风沙里拍打城墙，她终于喊出了声音，岂梁岂梁，你出来！碧奴终于喊出了声音，她跪在风沙里拍城墙，拍墙，拍，她说，岂梁岂梁，你不出来就让我进去！断肠岩上的堞墙、箭垛和烽火台都被一个女子的手拍响了，石头和泥土在城下发出了压抑的轰鸣，风从四面八方吹来，黄沙打在小满的脸上，比刀子还锋利。小满在惊恐中提起箩筐往山下跑，发现碧奴坐过的箩筐里，转眼间蹲满了一群湿漉漉的青蛙，青蛙发出了沙哑而整齐的鸣叫。小满认出那是青云郡水塘田边的青蛙，他扔下了箩筐，对碧奴喊了一声，姐姐你别哭，你不可以哭，青蛙来替你哭了！小满抢了扁担往山下跑，看见满地黄沙拾阶而下，一大群金龟虫顶着黄沙爬上山来了。小满认出来那是会流泪的虫子，春天它们在青云郡的桑树地里偷食桑叶，吃一口便流出一滴忏悔的泪。小满给金龟虫闪开一条道，回头对着城上的方向高喊，姐姐你别流泪了，你的泪要流光了，你不可以流泪，金龟虫替你来流泪啦！小满往山下跑，很快遇见了满天飞舞的那群白蝴蝶，白蝴蝶翅翼上勾着美丽的金线，他认得出来，那是北山上特有的金线蝴蝶，传说是三百个哭灵祖先的冤魂。小满仰脸看那群蝴蝶飞过的时候，脸上滴到了蝴蝶温暖的泪珠。小满擦了擦脸，他横过扁担迎接祖先之魂的到访，但蝴蝶没有扑到他的扁担上来。他知道金线蝴蝶不认识他了，祖先们的冤魂已经不记得一个离家多年的子孙，它们千里迢迢飞到大燕岭，是为了飞上断肠岩，跟随岂梁的妻子一起哭泣。

小满拿着扁担一路飞奔下山，在一个烽火台上他遇见了上官青和几个失魂落魄的捕吏，他们手里拿着绳子，都爬在高处向断肠岩的方向张望。看见小满，他们大声地质问他，让你去挑的人呢？那女子怎么还在断肠岩上哭？哭得山都在颤！小满甩脱了他们的手和绳子，一路飞奔下山，在一个箭垛前他看见一群工匠都丢下手里的活计，站在一起议论着什么，他们看见小满就向他挥手，别跑了，别干了，简羊将军都不干了，他骑着马跟着一只鸟回草原去啦！

要干也干不了啦，万岂梁的妻子把长城哭断了！小满回头指着断肠岩说，你们听见了吗？听啊，是山崩地裂的声音，断肠岩那边的长城都塌了，万岂梁他们要从地下跑出来啦！

苏童，《碧奴》，重庆出版社，2006 年 9 月。

《帝国雄关》(节选)

刘 剑

山海关被誉为“天下第一关”，是中国历史上知名度最高的关城之一。1644年，以山海关为争夺中心，各方势力的刀光剑影在此拉开了中国历史上明亡清兴大变局的序幕。崇祯、多尔衮、李自成、吴三桂等风云人物纷纷登场，他们爱恨莫辨的情感纠葛、是非难断的命运抉择，构成了诡谲难测而又充满变数的历史时刻……

大明王朝的浊暗、满清铁骑的骁勇、大顺政权的仓皇，在帝国雄关的夕照中交织成一幅精彩的画卷……

楔子

“马迹北阙，犬嗷西方，八九数尽，日月无光。”

这是一个古老的谶言，出自于一部在民间颇有影响的预言书——《推背图》。

这句谶言写了三个王朝、三个人以及由此产生不同的三种命运。“马迹北阙”写的是当时大顺王朝的建立者李自成，预言中他正骑马向北京进发；“犬嗷西方”写的是李自成的战友张献忠，此时他在四川（古称西方）建立了以“西”命名的“大西政权”；而“八九数尽”则写的是明王朝最后的一个皇帝崇祯，八九是相加关系，意味着崇祯一朝只有十七年的寿命，“日月无光”同样是相加关系，日月相加为“明”，意味着大明就要灭亡。

谶言之下还有一段解语：“杨花落尽李花残，五色旗分自北来，太息金陵王气尽，一枝春色占长安。”

解语同样说明问题。李花残，意味着李家天下同样支撑不了多久，“五色旗分自北来”说的是当时的另一种势力——关外满清的五旗子弟，“金陵”是南京福王政权，气数已尽，“一枝春色”意味着清明时节，即清朝的建立。

古老的谶语写尽了一个特殊年代里无数人百转千回的命运。在这古老的谶语出现几百年后，无论是幸或是不幸，一切都被言中。

历史转到了公元1644年的春天，适逢大明王朝成立的第二百七十六年。这一年的春天，气候并不温暖。对明王朝拥有着至高无上地位的那个人来说，死亡的气息正在这扑面的春意中料峭而来，不祥之中，更有种难以平息的恐惧感觉。有恐惧之心的人就是谶语中被称为“八九数尽”的崇祯皇帝朱由检。不光是他，这个时候，还有很多人也同样有这种感受，恐惧来源于一个名字——李自成。

谶语中说李自成“马迹北阙”，没错，这一年的三月，李自成的军队已经抵达北京城外。与此同时，在距京城几百里以外的关外，谶语中的“一枝春色”——由摄政王多尔衮领导的满清军队也准备开拔，这支人数并不多的军队此时已经羽翼日丰，狼行虎视，在这个时候，没有人能无动于衷地看待这个人和他的能量。

当李自成的军队抵达北京城下时，距北京城三百多里外的山海关，还有一个谶语中没有提及的重要人物也带着几万子弟兵拥了进来，他就是大明帝国骁勇善战的吴三桂将军。这一次，他带来了令人闻风丧胆的私家军队——关宁铁骑。十几年前，吴三桂以二十骑闯入皇太极的大营，救出他被包围的父亲，此后，他威名大振，简直成为大明帝国最耀眼的明星。从皇帝往下，大家已经一致认为，在最危急的时候，明王朝的最后一线生机就掌握在他的手中。

此时的北京城内，崇祯皇帝朱由检——这个明王朝最高的君主已经意识到他祖宗留下来的江山可能会在自己手中断送，但他还在做最后的努力，他把希望寄托在了吴三桂和他的关宁铁骑身上。于是，他纡尊降贵，不断发信给吴三桂，加封他为平西伯，封官晋爵后，下了一个几乎是同归于尽般的命令：要他弃宁远，不顾关外大敌满清的威胁，来京勤王。

宁远，距山海关二百里左右，也是明朝除山海关外离京师最近的辽东军事重镇。这是个曾经令明王朝最大的敌人——满清国痛心疾首的地方，曾经因为袁崇焕督师的存在，写下了满清王朝的前身——后金汗国建国史上最痛心的时刻。后金汗国与明朝最大的一次败仗就发生在这里。老汗王努尔哈赤因此过早地结束了自己的生命。此时放弃宁远，不但意味着放弃关外大量的土地，同时也放弃了当年“辽东三帅”熊廷弼、孙承宗、袁崇焕等人辛苦开创的大好局面：固若金汤的宁锦防线。

明王朝最杰出的将领有很多在宁远驻守过，吴三桂是最后一个，但他注定不会再有作为。曾经最有作为的袁督师，十年前的肉身已经被北京百姓吃光了，在这个时候，没有人会想起他。那个下令杀他的人，惶惶不可终日，心里充满怨恨与恐慌，但唯独没有一丝一毫的忏悔与愧疚之心。

吴三桂的铁骑开始由宁远向山海关挺进，除了他的几万军队外，他还带来了宁远的军民数十万人。当吴三桂带着他的关宁铁骑向山海关进发时，不知他会不会想起这些前辈的命运。他或许会，因为就在不久前，在明王朝与满清王朝似乎总也结束不了的战争中，他的恩师洪承畴降了，他的舅父祖大寿也降了，当时情形下明朝臣子不是战死、冤死，就是投降，没有其他的路好走。

1644 年三月上旬开始出发，心情复杂的吴三桂军队行进并不迅速，日行只有数十里左右。这个速度对于行军中的队伍来说，无疑是很缓慢的。吴三桂和他的关宁铁骑保持着这样的速度，于三月十六日进入山海关。

山海关，这座自明朝修建起已经有了二百多年历史的名城，在当时被世人称为“天下第一关”。这个名称的得来与明建都北京有重要关系，山海关与北京城相隔不过三百多公里，是京师的护翼，更是阻挡关外游牧民族的最后一道屏障。今天我们从地图上看山海关的位置，仍可以看到，它的东面是如今的辽宁省。这一片地方从辽宁锦州直至山海关下，共长约四百里，过去称为辽东，自古就是少数民族的盘踞地，也就是俗称的“关外势力”。而关内，则一马平川，直通华北，全部是汉民族的活动范围。由关外到关内，山海关就像一把巨锁，在从东北进入华北的要道上了保险。“两京锁钥无双地，万里长城第一关”之名也就由此而来。

山海关由明初的大将军徐达修建，后来经谭纶、戚继光、熊廷弼、孙承宗、袁崇焕、洪承畴等明朝几代军事天才加固及重修，由城里到城外，已经形成了一整套严密的军事防御体系。这套军事防御体系在当时看来，非常先进：由里面看，关城呈四方形，外用砖砌，四面均有关门，即东楼镇东，西楼迎恩，北楼威远，南楼望洋；城外设护城河，城南城北则是两座翼城；还有两座罗城，分别命名为东、西罗城，护城河则由其中穿过。山海关的东门面向辽东，是防御之重点。由东门开始，作为当年宁锦防线的最后一关，山海关与辽东整个军事防线形成一条锁链式的结构：出东门三十余里，是山海关第一个前哨军事据点“中前所城”（今辽宁省绥中前所），前面还有一座护卫城名叫“前屯卫”（今辽宁绥中前卫），再前行数十里，是“中后所城”（今辽宁绥中县城）。在山海关城东二里的欢喜岭上，还有一座用于军事瞭望的高地，名叫威远城。这套军事体系，为明王朝建立了几乎是坚不可摧的防线。

但此时，明王朝颁布的命令却是放弃这条防线所有的锁链延伸部分，退到最后的一个终端——山海关城，几代边关将士的战略积累优势，今日毁于一旦！

崇祯皇帝、李自成、多尔衮；大明王朝、大顺王朝、大清王朝，谶语中出现的这些人物，在1644年的这个春天，他们的命运注定要被放在同一个舞台之上。当年写出《三国演义》的罗贯中先生早已作古，如果他能复生，相信他一定会写出更精彩的《三国演义》。

就在这个时候，率领关宁铁骑进驻山海关的吴三桂，无意间坐到了一个最关键的神经末梢之上。在这座几代军事天才建造与维护的城池前，吴三桂没有想到，他和他的军队，不仅不是挽救明王朝最后的希望，反而要为建立历史上另外一个封建王朝提供便利。而这一切，竟然和上面的谶语如此惊人的吻合。在这样一个历史转折的瞬间，在相同的时间、相同的地点，各方势力有着各异的命运和抉择。所有当时风云人物都将伴随这道曾经坚固如铁的帝国雄关，和这道谶语一起成为后世不朽的传说。

勤勉皇帝的另一面

就在吴三桂带兵拥进山海关之时，崇祯皇帝朱由检正面临着他一生中最艰难的抉择。

对这位三十五岁的年轻帝王来说，他现在面临的形势是：在山海关以外的辽东大地上，他的老对手满清军队虎视眈眈，蓄势待发，在山海关以内的中原大地上，流民李自成、张献忠势力越来越大，但可用于对付他们的人才却越来越少。对于这位年轻皇帝来说，山海关这座关城如同一道薄弱的门，门里门外，全是敌人，而在这危机四伏的时刻，明王朝又出现了自建国以来最严重的财政危机、人事危机与军事危机，内忧，外患，一并而来，并且来势凶猛。

在这个时候，崇祯的脑中一片混乱。也许这个时候他正在后悔：为何要我入皇家？

在历史上被称为明思宗的崇祯皇帝朱由检，生于万历三十八年（1610年）十二月二十四日。此时，三十五岁的他，已经做了整整十七年皇帝。十七年间，他处在“内忧外患”的大败局中，可能连一天好觉也没有睡过，自然也不可能有一天的快乐日子。

此人是中国历史上备受同情的帝王。尽管他身上有很多招人烦的地方，但事实上，作为一个个体，崇祯在道德品行上，似乎完全符合明君的标准。

崇祯首先是一个有梦想的皇帝。他的梦想，从一开始登上皇位到他最后的亡国时刻，基本上没有走样，这在中国历史上的众多皇帝中，并不多见。中国历史上的帝王多的是开始有雄才大略但后来蜕化变质的例子，比如宋徽宗赵佶、隋炀帝杨广都是如此。但崇祯不一样，他从一开始就有不变的梦想，直到最后，始终在为这个梦想奋斗不止，直至亡命，终身不悔。

这是个有毅力、有血性、有志气的人，与他之前出现的祖父辈、兄长辈——明神宗朱翊钧和明熹宗朱由校相比，作风迥异。终其原因，就在于他拥有着一个自己看来坚定如磐石的梦想——做个好皇帝。好皇帝的标准，就是带领他的全体臣民走向一条中兴的康庄大路，永葆太祖留下的万世江山。这个出发点是正确的，而崇祯确实也是在按照这个标准来要求自己的。于是，我们看到，在明史资料记载中，崇祯有非常值得肯定的一面，比如一生勤勉于行，励精图治，不好酒色，而且是一个标准的孝子。这当然为崇祯博了很多同情分。

促成崇祯成为一个有梦想的皇帝的因素有很多。但内因在于他的哥哥——本朝上任皇帝的过于怯懦无为，致使本朝的军政大权、人事大权、财政大权甚至皇室安全的决定权全部落于太监之手。在崇祯十七岁登基以前，他过的是一种极度压抑的生活。我们很难在史料中看见他在这个时候的活动，因为那时的舞台并不属于他。真正的舞台给了他的，是在他十七岁那年，明熹宗——天启皇帝朱由校突然地死去，让这个一直沉默着，低调着，在担惊受怕中过日子的弟弟突然拥有了机会，这是一个幸运的时刻，对本朝，对崇祯个人，都是如此。唯一在这个时刻大叹不幸的，可能就是天启一直宠爱、大权独揽的司礼太监魏忠贤了。

崇祯最博人同情的好名声和好运气来自于他十七岁登基之后的那段日子。在维护皇权的战斗中，他亦步亦趋，非常稳健地利用言官的作用，成功地扳倒了当时专权一时的朝中大阉魏忠贤，（我们发现，用言官说事，也是魏忠贤在前朝天启执政时对付东林党的主要方法，在明朝数次大规模的党争与权利斗争中，所有的招法都如出一辙，这成为文官集团互相攻击时一个特色，特别值得玩味，后来崇祯临朝，我们会发现类似的招法将再次出现。）魏忠贤专权的时间并不长，只有几年时间，但是已经败坏了整个朝纲，也破坏了国运，特别对于那些被魏阉打压了很多年的朝中所谓“清流”来说，崇祯的上台，无疑令人振奋无比。崇祯上台后，举国在一种幻梦般的氛围里，从那一天起，“明朝中兴”的梦想就根植在了群臣的心中。他们衷心拥护着这个年轻的皇帝，同样地，在这个类似于肥皂泡一样的精神寄托中，年轻人也看到了这个梦想绚丽的魅力。

中兴之路，似乎指日可待。但事实真的如此吗?

仔细分析一下，我们发现其实并非如此：在大多数人眼中，崇祯是很沉稳很英明地干掉了这个本朝最大的奸宦，但是，即使是朝中最聪明最有眼光的人也没有发现，这件事对于挽救整个明王朝的命运来说，其实并没有决定性作用。事实上自明开朝以来，太监专权一时，后被新主干掉的事屡见不鲜，前朝已经有好多例子：比如刚刚下台的大太监冯保，早一点的刘谨、汪直，还有更早一点的曹吉祥等等。干掉他们的主子，无论是神宗、英宗，还是武宗，都谈不上是什么高明的君主。太监专权，真正的内因不在于太监的能力有多强，而在于内阁制度的不合理。但是，明朝并没有这么思想前卫的臣子提出或有能力改变这种状况，连前朝的第一中兴之臣张居正都不能。明朝的臣子，都清楚一件事：无论你做出多大的贡献，皇权是不能撼动的。在这个大前提下，群臣只有一个念想，就是盼着在朝政腐败时，有一个明君出现。这种念想是有传染性的，不但臣子以此为真理，皇室成员更是如此。崇祯上台后，扳倒了本朝自开国以来最厉害的太监魏忠贤，无疑是这种神话的人间体现。

魏忠贤的死，为一个新生的时代敲响了新的乐章。但死掉一个太监，对于整个衰微的国势来说，只是赢来了一个转机，形势并非已经完全乐观了。在这个时候，国家面临的那些压力与问题仍然存在，如果不能合理解决，本质上就是换汤不换药。崇祯并非完全没有这个意识，但因为年龄的关系，心理上他对此不会有太充足的认识。

随着历史向后发展，我们发现，崇祯曾经表现得坚忍刻苦雄才大略的面目开始走样了，在清算了魏忠贤以后，他的好运气或者好品性就基本上走到了头。

即使如此，这些也似乎并没有影响他的好名声，连他的敌人都不愿意把更多过分的言词加在他的身上。可能是因为十七岁那年清算魏忠贤这件事过于大快人心，人们对这位屡犯错误又从未更改的皇帝寄予了太多的感情色彩，甚至在面对着他一而三再而三地做明显的蠢事时，依然没有太多的苛责。即使明亡之后，还有一种说法:“是亡国之人，但非亡国之君。”这是他评价自己的话，大家也都认可。

但是，历史同样有另一种说法来评价这件事。抛开这些溢美之词，我们发现另外一个事实，那就是在扳倒了魏忠贤以后，崇祯开始成为一个矛盾的结合体。有关于他的行为评价，自这个阶段以后，就进入另一个极端。

在史官们笔下，这个人一方面是“不迩声色，忧勤惕励，殚心治理”，另一方面却又“用非其人，益以偾事”，“性多疑而任察，好刚而尚气。任察则苛刻寡恩，尚气则急剧失措”。而最搞笑的是，他当年因清算巨宦魏忠贤而被世人称道，到后期却又“复信宦官，布列要地，举措失当，制置乖方”（《明史》），使前后行事判若两人。

在他执政十七年里，明朝看不到一点中兴之路的政绩。曾经坚如磐石的中兴梦想真的成了一个虚幻的肥皂泡，在这个巨大的泡沫后，人们看到的不光是梦想的破碎，还有苦难的来临。在他的领导下，非但百姓没有过几天好日子，各级官吏更苦不堪言，被他迁怒撤职，或是当替罪羊杀掉、入狱、灭门的官吏数不胜数，其中被冤杀的占了大多数。崇祯在位十七年间，换了五十个大学士（相当于宰相或副宰相），十四个兵部尚书（那是指正式的兵部尚书，像袁崇焕这样加兵部尚书衔的不算），杀死巡抚十一人、逼死一人。那些一度举双手欢迎他登上高位的清流们，发现自己这次依然跟错了主子。其中最令人发指的，是他杀掉了明朝唯一可以与满清抗衡的大将军袁崇焕，一手制造了中国历史上最大的冤案，并直接造成了辽东大片土地的流失……

刘剑，《帝国雄关——1644年风云局势中的山海关》，百花洲文艺出版社，2007年2月。

《长城线上——周大勇和他的连队》（节选）

杜鹏程

按节令说，现在刚立秋，可是长城边的夜里，风沙滚滚，天气冷得怕人。

周大勇跟受伤的战士们，让寒冷、饥饿、疲劳和伤口的裂痛煎熬着！

半夜时光，周大勇让通信员小成跟卫生员三牛，用被子把山洞口捂住，把昨天晚上缴获到的蜡烛点起来。他到小河里用水壶提了些水，给伤员们灌了几口，就又走出山洞。周围的山头上有敌人烧起的营火。东山那边有枪声、手榴弹响声。东边的天空还有敌人打起的照明弹跟信号弹。“大概李江国他们不让敌人安生，跟敌人干起来了。”周大勇心情沉重。是咯，伤员们跟这八十多个俘虏，今黑间，是出不了这条山沟啦！

他在河槽里，碰见马全有。马全有提着冲锋枪来回巡游。

他的衣服让露水浸湿了。他那刚烈的形样，让周大勇的勇气、信心增长了。周大勇叮咛说，千万不能让俘虏逃跑一个，要不，就会走漏消息。

马全有说：“不会，除非他插上翅膀。”

周大勇回到山洞里，三牛、小成都不见了。

小鬼三牛跟小成，想捡点柴火在山洞里给伤员们煮点稀饭，可巧碰见马全有。马全有把两个小鬼训了一顿，说，烧火做饭那是成心暴露目标。

马全有跟战士们合计了一下，把各人身上所有的干粮都收集起来，交给两个小鬼，让他们转给伤员们。这些宝贝，还是昨黑间袭击敌人的时候捡来的。大伙儿给小鬼们叮咛，这点干粮只够伤员们塞牙缝，可是强似没有啊！

过了半个钟头，三牛、小成回来了。小成进了土洞，不声不吭蹲到地上。周大勇当是小鬼们跑累了，也就没理睬他们。

三牛从口袋掏出来几块鸡蛋大小的干粮，分给了伤员。

周大勇问：“哪里来的干粮？”

三牛说：“这是昨天夜间，……”他在想法子编瞎话。小成连忙搭上说：“那是马全有他们刚才捡来的。约摸是敌人在山头上行军，把干粮袋摔下山坡……”周大勇知道，两个小鬼在胡扯，这干粮定是战士们凑合来的，也没细追根由。他问：“你们没有吃点？”

小成说：“吃了，吃得可多！”

三牛也瞎吹：“啊呀，嚼上指头大那么一点，就香得能咽了舌头！”

三牛一边说，一边嘴唇还吧咂吧砸拍。可是当他把最后两块干粮悄悄地放在连长头边，猛一抬头，眼黑头晕，山转地动，扑通一声，栽倒在周大勇身边。三牛又饥又冷又累，昏过去了！

周大勇把小鬼抱起来，忙叫：“三牛！三牛！”三牛睁开眼。他那一双黑溜溜的眼珠，疲乏地转动了几下。周大勇把那两块干粮放到他口边。三牛说：“连长，我不饿。你吃！全连人就靠你啊！”

周大勇紧紧地搂着三牛，看他那小孩子的可爱脸膛。

三牛那疲劳、饥饿而消瘦的脸膛上，显出十分严肃的神情。这严肃的脸色跟他十五岁的年纪很不相称。周大勇觉得心酸！

周大勇走出山洞。半个月牙，吐出寒光。山头上的敌人时不时地放两枪。他想算："拂晓，敌人一出发，我们就翻过东山找见李江国他们，便很快地去赶主力部队。我们的主力部队一定在这方圆活动。"这工夫，他特别想李江国跟马长胜带的战士们："兴许，他们这会正在棘针林里爬着摸敌人的哨兵！李江国会怎样替我们操心啊！马长胜那牛性子，大概更憋住气在发凶！"

周大勇回到山洞里，心里焦急烦躁地乱翻腾，说什么也合不拢眼。

他身边的几个伤员，怕连长替他们操心，都圪吱圪吱地咬牙，忍受伤痛，只有他们在昏迷中或睡梦中，才不自觉地呻吟起来。

一个叫黄尚清的重伤员，生命快要终结了。他不停地喊：

"冷呀！冷呀！"周大勇很想烧起一堆火，让他烤一烤取暖。但是不敢烧火，火光会招来危险。周大勇把自己的破衣服解开，把黄尚清抱在怀里，用自己的胸膛暖着黄尚清的胸膛。他紧紧地搂着黄尚清。他的体温传到了他身上，两颗心脏挨着跳动。周大勇觉着，黄尚清是自己的战士，是自己的同志，是自己心连心的亲人。啊，如果人可以把自己的生命，分给临死的战友，那该多好啊！

黄尚清有气无力地呻唤着。周大勇感觉到黄尚清的心越跳越没劲了。一股寒冷的感觉，通过周大勇的脊梁骨，钻进每一条血管，每一根神经。他的心被缚到一个想法上："他完咯！"他把手塞在黄尚清衣服下面按着心脏，咽气了，那心脏也不跳了。生命缓缓地离开黄尚清。周大勇摇着黄尚清，又叫了几声……脊背靠着土崖，还是紧紧地抱着黄尚清。他有好一阵没有动，也没有感觉，脑子是白茫茫的一片！

猛然，黄尚清的形样显在周大勇眼前，他欢跳欢蹦地要求突击任务……是啊，就在今天擦黑，黄尚清伤口痛得厉害，周大勇用盐水给他洗了洗。可是再有什么办法？黄尚清的两条腿浮肿发紫。他知道自己要离开人世了，就说："连长，我真的要完了？"他要周大勇把他枕着的一件衬衣拉出来。那件白粗布衬衣，让汗水渍成油黑的了，两只袖子破成絮絮，前襟上有一片血。他说："连长，我要牺牲了，这一件衬衣就留给党，算作个纪念！……"突然他把脸捂在衬衣上，哭了：

"我，我不能，我……"他的思想跟死亡在撞击：自己没有立过什么大功，更不是什么人民功臣，简直什么事都没来得及干！……怎么能，……

周大勇轻轻地把黄尚清的尸体放下。他挨着黄尚清，并排躺在地上。

长漫漫的夜。风摇着沟槽里的树梢，吹进山洞。山头上有敌人烧起的营火，远处有一阵阵的机枪声。

时间，在痛苦的思虑中，缓慢而沉重地行进着！

小成睡定了。三牛不吱声地蹲在黄尚清身边。他跟黄尚清处得最好。黄尚清活着的时候常说："三牛，加油啊！你够入党的年龄，我就介绍你入党。"如今，他永远不能实现自己的应允下来的话了！三牛的眼泪扑簌簌地淌下来。他不敢哭出声音。他晓得，连长看见谁个在艰苦斗争中愁眉苦脸，就火儿啦！

周大勇听见三牛擤鼻子。他知道三牛的心情。三牛虽然是一个坚强的阶级战士，可是到底他还是一个小孩子。周大勇看了看三牛跟他周围的伤员，又想：这里看不见摇天动地的炮火，听不见刺刀格斗的撞击声，可是在这里坚持下来的人，也是需要无限的毅力和勇敢，因为紧张的战斗用更残酷的形式出现了！

周大勇躺在牺牲了的黄尚清旁边，他脑子里闪上来许许多多的事情。他想起他跟主力部队在一块的时候，行起军来，他的连队只不过是部队很长的行列中的一小段；打起仗来，他的连队只不过担任攻击某一个工事，某一点。那时候，连队的政治工作有指导员王成德；往上数有营长、教导员、团长、团政治委员……一切工作的重大的担子，一切艰难痛苦，是由他们承担的。他周大勇呢，在那个整体当中，即使环境再困苦，敌人再强大，心里总是平稳的。一句话：一切重大责任都有党承担，一切事情都有党的具体指示，自己只要平时努力工作，好好学习，搞好自己连队的工作，战时多动脑筋坚决勇敢地好好指挥就够了。现在呢？一切担子都落在自己肩上，一切苦处、难过都要自己统统担当起来。这里轻伤的、重伤的跟活下来的人都在想："不怕，有我们连长呢！他会有办法的！"是的，战士们应该这样想！可是自己到底有什么办法？

陈旅长、杨政委、团政治委员、张教导员，还有那亲密的战友王成德……多少战斗，多少事，多少人的形样，都显现在周大勇眼前，仿佛那被战争生活压缩的记忆，都一齐涌到眼前，闪过脑子。是的，没有党，没有部队，没有那许许多多的战友，那自己便是一个毫不足取的人，也不定早饿死在什么屋檐下或是道路边了。他明显地感觉到：他是在革命的大家庭中长大成人的。这大家庭中的各种事情，各种人对他的影响、教育，目前给了他不能估量的勇气。

几个伤员在低声说话，三牛和小成也在咕哝什么。周大勇想让大伙跟自己一样乐起来。他说："同志们，光看这土洞子那就看不出二尺远，要向全国看啊！"他给战士们讲，我们东北、华北、华东、中原的各路大军打了很多次胜仗，我们西北野战军也快打大胜仗了。敌人离全部垮台不远咯！

战士们在艰苦时光，总容易回想起过去的斗争生活，好像过去的艰难经历会教给人求生的办法一样。他们要求周大勇讲一段二万五千里长征中的故事。

周大勇很想说一段过去的故事，但是一时又想不起头。他回想着经历过的种种斗争，回想着自己的全部生活和那生活中很细小的事情。十多年，是啊，十多年的斗争生活中，他有时候在高山峻岭中冒雨露营；有时候又在高楼大厦里睡觉；有时候出入在炮火中；有时候又坐在庆功会上……战争真是把人生经验紧张而剧烈地压缩在一块了：希望、兴奋、焦急、愤怒甚至于生死……这一切，也许有些人活上十年、五十年才能经受到；可是这一切，在战争中，人们几个钟头就都经受过了。是的，他冷身子碰热炮弹，一枪一刀换来的东西很不少；是的，他走过了很长的英雄道路，往后还要走更长的英雄道路；他希望了不少事情，也做了不少事情，将来还要做更多的事情。现在，他待在这山洞里，有时心躁得像火燎，有时也想些琐碎的事情，但是这一切都算不了什么。现在只有一件事值得想，那就是，坚强地为自己的阶级事业战斗下去。

周大勇寻思着。他的寻思是和死亡没有联系的。他，思想开阔，想得很远：大伙儿经过这一番风险，又和主力部队会合了……数不清的亲热的脸膛，红旗、大会，说不定在什么庆功大会上，毛主席、周副主席和党中央的首长们也出现在主席台上……是啊，在西北战场的艰苦斗争中，他们不是一直和我们在一块吗？啊，这山洞突然闪起了奇异的光影。周大勇身上一阵热，明朗而崇高的思想在他开阔的胸怀中回流。

他觉得自己年轻，快活，有力量，有美好的将来。

"讲啊，连长。"

"是呀，随便你说什么都可以。"

周大勇说："同志们！现在，咱们毛主席、周副主席和党中央的领导同志，兴许正在夜行军的行列里，也兴许正在老乡的窑洞里查看地图研究敌情哩！同志们，我们尽管艰苦，但是他们总跟我们在一起，亲自指挥我们作战。要想起这，人就有说不出的高兴。同志们，他们叫不起你的名字也叫不起我的名字，但是他们知道我们。就是现在，他们也知道我们在这个山洞里受的艰难，也知道我们在这山洞里想念他们。他们是和我们心连心的呀！同志们，党、毛主席和周副主席，带领我们用两条腿走遍了全中国，让我们认识了很多事情，还让我们认识了自己。想想，我们一爬出娘肚子，饥饿、穷困，就像魂灵一样不离我们。我们没有参加革命的时候，闹不清自己活到世上到底为了什么；也不知道浑身的力量往哪里使，满肚子冤枉往哪里倒；更不知道自己受的一切痛苦是从哪里来的！可是，如今我们变成了真正有用的人。同志们，想起了党、毛主席和周副主席对我们的教育，我们就觉得现在苦一点算不了什么。咬紧牙，熬下去就有出路，敌人能把我们怎么样？我们有党、毛主席和周副主席哩！”

战士们闭住气，伸长耳朵听。他们也觉得党中央、毛主席和周副主席就在自己身边。就像我军退出延安以后部队在陕北山沟里行军中，人们常常兴奋地传说的一样：“我们团的前边就是九支队，毛主席在那里……周副主席在那里……党中央……毛主席……周副主席……”一想到这里，战士们心劲大了，连那些重伤员仿佛也觉得自己可以起来走了。

杜鹏程，《长城线上——周大勇和他的连队》，人民文学，1954年第2期。

《血战雄关》（节选）

王英之　马凤祥

何柱国领命守关，将指挥部设在关内。辖区为临榆（即山海关）、抚宁、昌黎、卢龙、迁安五县和祖山地域。

张学良调集了一部分主力归何柱国指挥。除了何柱国兼任旅长的直辖独立步兵第九旅之外，还有独立步兵第二十旅、骑兵第三旅、炮兵第七旅第十三团之山炮一营和工兵第七营。

按照防御计划，三个月时间便部署了各自的阵地，落在山海关城内，这里敌特众多，鱼目混杂，他觉得该到清理的时候了。

十月的天气，秋高气爽，凉风宜人。何柱国晚饭后散步到“天下第一关”的城楼上。这里已经布置有重火器和精兵，部下也亲热地与他打招呼，他很满意。

站在城楼上，何柱国触景生情：“山海关依山临海，地势险要，自古为兵家必争之地。李自成的失败和直系的败落，两次战争都是在这里决出胜负……”他往东看，一箭之遥就是满洲国地面，日本关东军的兵营历历在目，铁甲车往来奔突，耀武扬威；向南看，南门外火车站上驻有日本的守备队，再往南不远试炮台则是日军的军营。关城东、南、西三面已呈日军包围之势，只有北门可以自由出入；回头俯视城内，古老的四合院和横平竖直的街道，行人不绝，商贩遍街，却并不平静。那人堆儿里夹杂着相当数量的做情报营生的日本特务，我方一切行动，都瞒不过敌人的耳目；再把眼光移向更远处看，城关南走八里，便是汹涌的渤海，老龙头外海停泊着日本海军的十余艘兵舰，山海关城在其火炮的射程之内；西南方向，有日本驻军，随时可以切断我军的后路；东北方向，五眼城至关家岑具有战略意义的位置都掌握在关东军手里，居高临下可以控制山海关……我何柱国手中的兵力无法与敌相比，实际上分兵据守广大地区之后，留给山海关城的兵力只有独立第九旅第六二六团的两个营。

何柱国思前想后，觉得应付日军的方针总的说应该在军事抗衡之前还应该智斗，能拖就尽可能拖，以期政府能下决心，动员全国的力量抗战；实在不能拖就战。

主意拿定了，便觉胸有成竹。一路下了关楼来到了一营的伙房。晚上是高粱米稀饭，白菜帮子馅的菜团子。伙棚里雾气腾腾，大家忙得正欢。

他路过柴垛，忽听见乱草里有人在哭，抽抽搭搭地似有满腹委屈，便停下了脚步。伙夫长大胡子一直斜眼盯着司令，见他停了下来，心中一急，扔下手中的水盆便跑了过来：

“司令，您到这边来，下午商会送来两头猪，挺肥的。”

何柱国看着大胡子，又看了看柴垛。发现大胡子急得直搓手，脸上冒出了虚汗。

何柱国：“说实话，发生了什么事？”

大胡子见状，到柴垛中扒拉出藏在里边的侄子张言慈。小伙子满脸泪水，嘴巴上有鲜红的巴掌印，嘴角留有一丝血迹。小伙子爬起来，叫了声：“司令！”

何柱国认识张言慈，便问：“是你！怎么了？”

小伙子欲言又止，张望大胡子。

大胡子说："司令，你枪毙他吧！真是丢人现眼！"

何柱国笑了："有那么严重？"

"这家伙要当逃兵！丢人，让他自己交代吧！"

何柱国严厉地盯着张言慈，两臂交叉胸前，双目圆睁，挤出两个字："逃兵？"

大胡子冷不防一脚扫向小伙子屁股，"扑通"一声，张言慈跪在地上，大声哭了起来。

大胡子说："有种的，向司令坦白，隐瞒也不行了！"

张言慈哭诉："何司令，是我不好，你把我毙了吧！"

何柱国把他扶起，让大胡子端来一碗水，给他喝。

何柱国："有话就说，别娘们儿似的。"

张言慈："司令，你知道的，我的家就在关外十里地的万家庄。今天早晨在柴禾市给部队买菜时，遇见了本村的王大爷。他告诉我俺娘被日本关东军的狼狗咬了，三天没起炕，就要死了。俺家独苗就我一个，娘为我受苦了一辈子，就要死了，我怎么能不该回去见一面呀？"

大胡子插言："那你也不能换了衣服，想逃跑呀？"

何柱国示意，让大胡子给他继续说下去。

张言慈说："我恨不得立刻跑回家救救俺娘，宰他妈几个日本鬼子！"

何柱国听明白了。他掏出手帕给小伙子擦泪，他也想起了自己的母亲：

"言慈，军人是有纪律的。国破家亡做亡国奴是没有好滋味的。逃跑不是东北军的作风，咱部队哪一个没有国恨家仇？我们就要对日本鬼子作战了，要打它个落花流水，才是英雄。"

张言慈："司令，我错了！"

何柱国："这样吧，我这里有三十个银元，你拿着。明天一早，你换上老乡的服装扮成瘸子，随做小生意的老乡出城，设法回去看看老娘，替我喂口汤水。办完了事，再设法来找我们。如果有可能，你把顺路的日兵情况带回来，亲自向我报告。"

大胡子一听张口结舌，半晌才想起让侄儿跪地给司令磕头。

张言慈泪流满面："恩人哪！我一定回来！一定回来！"

何柱国走到猪圈，看了看两头肥猪，就对大胡子说："弟兄们好久没吃荤腥了，宰一头行吗？"

大胡子笑着说："太行了，咱马上动手！"

这件事不胫而走迅速传遍了军营……

王英之、马凤祥，《血战雄关》，中国铁路文艺，2005 年第 8 期。

《杀虎口》（节选）

徐纪周

虎口决斗（节选）

艳阳高照，旷野如垠。

一个浑身黝黑、长得魁梧结实、年龄大约二十七八岁样子的大个子军人，一边走一边擦汗，天气真的太热了，骄阳奋力地吐着热火，好像要把大地烤化。大个子身后跟着三个八路军战士，他们押着七名鬼子战俘穿行在旷野里。

“白班长，是不是休息一下？”一个八路军战士问大个子。

“好吧。对了，不要叫我白班长，叫我白朗就行。”大个子说完，双手叉腰，仰天叹气。

“水！快给我水！不然就把我们杀死吧！”一个鬼子用日语绝望地吼叫着。

“他瞎吵吵什么呢？”白朗闻声走到哇哇大叫的鬼子面前，然后问身边的战士。

“水！给我水！”鬼子指着水壶继续吼叫。

“看样子是要喝水。”战士说道。

白朗冷冷地看着鬼子战俘，从战士身上掏出水壶，打开盖口，朝下晃了晃，连一个水星都没有。

“瞅见没有，水早就让你们几个喝光了，大伙都渴着呢。再忍忍，天黑之前赶到团部，就有水喝了！”鬼子看到这种情形，也就不再叫唤。

一行人继续往前走。

可是不一会儿，白朗又听到一声尖叫，他回头一看，队尾的一个鬼子抽搐着倒在地上，浑身哆嗦，像抽了风一样。队伍登时就乱了，几个年轻的战士显得束手无策。

“掐人中！掐人中！”白朗大声说着，然后用大拇指死按着鬼子的人中。

地上的鬼子依然剧烈地哆嗦着，嘴角已经渗出了白沫，几个战士全都围在白朗身边。可就在这时，出现了异常情况，一个鬼子把绑在身后的绳子扣弄开，然后悄无声息地一一割开同伴们的绳子。当一个战士回头发现时，立刻被一只大手捂住嘴，锋利的刺刀狠狠捅进他的胸口。这时，躺在地上的鬼子，手也悄悄伸向白朗腰际的驳壳枪。白朗一惊，一把抓住鬼子的手，反向一扭，将其制伏。不过旁边的鬼子已经分头扑向剩下的两个战士，七手八脚地去夺他们的枪。年轻的战士被按倒在地上，鬼子端起刺刀，大吼着向战士捅去，战士一声惨叫，没了声息。

白朗登时愤怒了，他像只猛虎一样扑了过来，挥起枪托将鬼子狠狠砸倒在地。剩下的四个鬼子将他围在中央，手里端着刚刚缴来的步枪。白朗用眼角的余光瞄着四下的敌人，突然大吼一声，向右边的鬼子刺去。鬼子猝不及防，被一刀刺倒，他一连串漂亮的劈刺动作，四个鬼子转眼间都倒在了他的脚下。

此时，白朗的脸上、身上溅满了鲜血，眼睛里全是杀气，仿佛一尊浴血的战神。剩下的鬼子惊恐地将一个八路军战士挡在身前，一柄驳壳枪顶在战士的太阳穴上，冲着白朗绝望地嘶叫着，“把枪放下！听到了吗？快把枪放下！”

白朗的步枪平端在手里，一步一步向他靠近。

“老白，别管我！开枪啊！”战士大声喊道。

“你想看着你的战友死在你面前吗？混账，把枪放下！”鬼子继续咆哮着。

白朗的脸紧紧地绷着，端着枪的手纹丝不动。

“老白！黄泉路上，咱们都是早晚的事！拉上鬼子垫背，我也够本了。你就权当是送我！”战士声嘶力竭地吼着。

“兄弟，在下面等着我！”白朗咬咬牙举枪瞄准。

“砰！”枪口喷出一团火光。

八路军团部。

门口，两个背着步枪的士兵，在门前站岗。这时，一匹快马从蜿蜒的山路上疾驶而来，两个战士闻声连忙迎了上去。

马跑到团部门口停住了，一个老百姓打扮的人虚脱地从马上滑了下来，紧接着一个趔趄，差点瘫倒在地上。战士一把扶住他问道：“怎么就你一个人回来了？其他人呢？”

“政委呢？快带我见政委！”来人气喘吁吁地说道。

“好，马上带你去。”战士说完，走向团部门口。

“首长！报告首长，去杀虎口的弟兄回来了！”政委苏新闻声神色一变，带着两个军官急忙走了出去。

“其他人呢？”当苏新看到来人的样子，赶紧问道。

来人嘴角抽动着，哆哆嗦嗦解开腰间的一个包袱，里面赫然是个血淋淋的人头。

“这，这是怎么回事？”苏新大惊。

“……弟兄们到了杀虎口外面，天就黑了。他们说不知道里头啥情况，让我在外面猫着，如果听到情形不对，就赶紧回来报告。我眼睁睁地看着他们进了镇子，整整一夜，里面啥动静也没有。”来人哽咽着说道，“等天亮了，我实在忍不住。石头掉进水里还有个声儿呢，这也太邪行了！我就壮了胆子，凑到镇口，还没到城门，就看着老张的头挂在树上，直愣愣地看着我……”说完这话，来人纵是个男子汉，也不禁大声痛哭。

其他人也都低下头，伤痛之情溢于言表。

“你没有再进镇子？”苏新皱起眉头。

“没有。”

“镇子里的人呢？”

来人抹了一把脸上的眼泪，然后说道：“要是能看见就好了，一天一宿，连个鬼影都没瞅见！”

“你辛苦了，赶紧下去休息吧！”苏新对来人说道，然后冲着两个战士吩咐：“加强岗哨巡逻，密切注意外面情况。”

“是！”战士应声而去。

苏新安排好一切，然后回到团部。

“揍性！我还就不信这个邪了！把一营二营调上去，不管杀虎口有啥幺蛾子，老子拿脚踩也把它给踩平了！”团部里一个中年军官大声喊叫着。

“不能乱来，杀虎口离鬼子的宪兵大队不到四十里的路程，如果我们有大动作，鬼子肯定会有所察觉。一旦鬼子和附近的晋绥军再搅进来，趁火打劫，局面就不好控制了。”苏新赶紧说道。

“那怎么办？白白吃个哑巴亏！华侨千辛万苦送过来的军火，到了咱的地面上，生生就给丢了！七八个生龙活虎的弟兄派出去，如今只有一个人头回来，咱独立团的脸今后往哪搁？”中年军官皱皱眉头说道。

屋里顿时沉默下来，大家面面相觑，都想不出什么好的办法。

突然，看门的战士又慌里慌张地跑了出来：“报告！”

“又怎么了？”中年军官不耐烦地问道。

没等士兵回答，门外人高马大的白朗扯着大嗓门、杀气腾腾地跑了进来。只见他拎着枪，帽子歪了，风纪扣也解开，满身的血污：“报告！报告首长！独立团二营一班班长白朗，奉命押送七名鬼子俘虏向团部报到！”

“俘虏呢？”苏新问道。

“在门口呢，首长自个儿瞅吧。”

众人走出门口，当看见眼前的一切，全都呆住了。

院外横着一辆巨大的排子车，一头放着八路军战士的尸体，一头放着鬼子的尸体。

“白朗，这到底怎么回事？”苏新看到眼前的一切，顿时有些急了。

白朗迈出门槛，缓缓地说道：“路上小鬼子趁我们没留神，磨断绳子造反……战斗结束，就剩下我一个。临出来的时候，连长交代过，被俘虏的鬼子都是首长的宝贝，必须一个不落，送到团部。活要见人，死要见尸！我都送来了……”

“怎么一个活口都没留下？！现在我们对鬼子的情况了解非常少，一个俘虏能提供的情报有多大价值你知道吗？”中年军官不满地说道。

白朗冷冷地望着那个军官，眼里的目光让人不寒而栗：“战场上，我们干掉一个鬼子，差不多要赔上四五个兄弟的命。要想抓个活的就更难了，我希望团部能下个命令，今后再也不要抓俘虏了，见着小鬼子就一个字——杀！”

“这车是你一个人拉回来的？”苏新没理会白朗，而是指着车问道。

“是。”

苏新端详着眼前的白朗，没有说话。

“下去休息吧，有事会找你。”中年军官说道。

“那个小伙子是什么来头，看着不像是庄户人出身？”苏新等白朗走了问中年军官。

“他呀，早先是野人坡一带的土匪，去年鬼子大扫荡的时候被我们给救了，整编到二营。不过这小子身上匪气重，都进部队一年多了，还是经常惹事。上次二大队去策反陈家店的伪军投诚，他可倒好，直接把那伪军的营长给绑了，押回队部，让营长给手下写信，逼着伪军投降，这不跟土匪绑票一个德性吗？”中年军官气冲冲地说道。

苏新听了这话，忍不住乐了：“他们打仗怎么样？”

“那是没得说。他们这一拨人编成了一个尖刀班。打仗的时候永远冲在最前头，打仗嗷嗷叫，抢战利品也是嗷嗷叫，两头冒尖！”

“兵不野，哪来的战斗力？这小子哪儿的人？”

“应该就是本地人，具体哪个村的不清楚。”

“杀虎口民风剽悍，老百姓大多入则为民、出则为匪，要想对付土匪，什么人最有办法？”苏新又问道。

“我想白朗这小子肯定有花招。”中年军官乐着说。

“好，那我等会儿就找找他。”

此时的白朗正在树林里挖坑准备埋葬自己死去的兄弟。

不一会儿，四个同样深浅的大坑挖好了。他掏出烟卷叼在嘴里，点上火，呆呆地望着战友的尸体：“如今咱们十几个弟兄，就剩下我光杆一个人了。小鬼子还没杀完，也不知道啥时候才能是个头。你们放心，只要你们爹娘还在的，我一定给养老送终！小鬼子一天没打完，清明节上，我就会拎着小鬼子的头，来祭奠哥儿几个。”

“如果所有中国人都像你和你的兄弟一样，鬼子也进不了咱中国！”这时，白朗身后突然传来一个响亮的声音。

白朗闻声站了起来，苏新不知何时已经站到了他的身后。白朗马上立正敬礼：“苏政委好。”

“你老家是哪的？”苏新问道。

“从这儿朝东八十里，杀虎口。”白朗回答。

“哦！你是什么时候出来的？”

“小二十年了。”

“老家还有什么人吗？”

“早就没了。”

“现在有项任务，需要你再回一趟杀虎口。”

“干什么？”白朗眉毛一挑问道。

“半个月前，有一批爱国华侨捐赠给根据地的军火经过杀虎口的时候突然失踪。押运的人也全都不见了，到现在也不知道是什么人干的。我们先后派了两个小分队过去，都是有去无回。最要紧的是，我们连对手是谁都不知道！”

白朗越听，眉头拧得越紧：“是鬼子？”

苏新摇了摇头：“据我们所知，鬼子和晋绥军也正在四处查找军火的下落。所以，我们一定要赶在他们前面。你这次去的任务，就是找到军火的线索。如果让鬼子汉奸抢了先，宁可把它们都毁了，也不能落在敌人手里，再反过来打中国人。”

“苏政委，你这是把烫红的烙铁硬往我手里塞啊！”

“你不敢？”

“我去可以，但你也得答应我一件事。”

“说！”

“将在外，君命有所不受。杀虎口表面上是个镇子，其实就是个大土匪窝子，那儿的人都是从香油罐子里泡出来的。一个个比泥鳅还滑，比狼都狠！要是成天脑子里还装着队伍上那些条条框框，这也不让整，那也不让碰的，那就啥事都干不成了。”

苏新想了想说道：“好，只要不祸害老百姓，不滥杀，其他全由你去吧！”

“啥叫滥杀？”白朗不解地问道。

“不要随便杀人。”

“我不杀人，人家就要杀我！”

“你小子身上杀气太重。但有时候，也许你扣扳机的手指稍微松那么一下，就能少一个汉奸，多一条打鬼子的汉子。”

“是。”白朗会意地答应。

“马已经替你准备好，出发吧。”

“是。”

“白朗，这儿怎么多出个坑来？”苏新看着明明是三具尸体，可是竟然有四个坑，不禁狐疑地问道。

“那是给我自个儿留的！”白朗面无表情地回答，“我知道作为一个战士，脑袋是别在裤腰带上，随时都有生命危险，所以我提前给自己准备了。政委，如果这次万一我回不来了，麻烦让人把我那身军装扔到坑里埋了，让我和我的兄弟躺在一块。逢年过节上供的时候，好让我也能沾点光！”说完，他纵身跳上马背，挥手一扬鞭子，马像箭一样蹿了出去。

徐纪周，《杀虎口》，花山文艺出版社，2009年4月。

《王白的长城》（节选）

杨 遥

2003年“五一”后的一天，猴儿岭村的王白坐在开往北京的火车上。

王白本来准备好五一要结婚的，请帖都发出去了，可是因为非典不让办喜宴了。王白觉得很丧气，一辈子结一次婚，就遇上非典了。从小到大，一次当典型的事也没有轮到自己头上，世界上从来没有过的非典却和自己的婚事搅和在了一起，越想越觉得窝囊。

原先忙忙碌碌准备结婚的王白，一旦婚事取消闲下来，以前的惯性还带着他往前冲，觉得没意思透了。不是今年准备结婚，他就出去打工了。可是现在婚不能结，事儿没有干的，他觉得自己要发疯。他从早到晚打开电视，山里的电视只能收一个台，而且几乎都是非典消息，没有多大意思。一个消息忽然吸引了他，由于非典影响，全国各大景区旅游人数暴跌，好多景区已经关停。

这个消息使王白心里蛰伏已久的一个小虫子活过来，他觉得看长城的时机到了。尽管村外就有一段长城，一仰头就能看到，但破破烂烂的，就好像村里也有房子，哪能和北京的高楼大厦比？梦寐已久想去，却只是想。因为他知道这种旅游景点的消费太高，根本花不起。现在别人不去的时候他去，一定省钱。

有了这个想法，王白很激动。他想等自己看完长城，或许非典就像来时那样，突然消失了，然后自己就可以结婚。那样以后的日子再平淡，自己也看过长城，有个回忆了。

车厢里空空的，散发着消毒水刺鼻的气味。王白觉得好像进入墓地。一个人的旅程很容易犯困，王白几乎是睡了一路。

王白来到长城脚下。

首先看到一个雕梁画栋古色古香壮观无比的大门。走过一段石台阶进了山门，有几个卖工艺品的小摊，没有游客。王白顺着台阶继续往上爬，看见长城就在头顶，他往上爬，往上爬，宽阔的台阶上一个人也没有，风轻轻地从他身边穿过，凉丝丝的。王白有些失望，他想到电视上演出的长城都是人山人海，台阶上挤满了人，尤其是还有好多外国人，那么热闹，那么让人向往。又上了几级台阶，前面有一个地方盖了一个凉亭，周围用铁链围住，铁链上面挂着好多锁子，每一把锁子系着个红布条。王白不清楚这是干什么，凑上去细看。每一把锁子上都刻着两个人的名字，另一面写着白头到老、百年好合等字。王白明白了，后悔自己没有带把锁来，好把自己和小红的名字刻上。

王白还没有感觉到累，就已经爬上来了。长城果然高大、威武、壮观，那些巨大的城砖匍匐在地面上，形成宽阔的路面，两边的垛口下是绿油油的山坡，天空蓝蓝的，几朵云在上面很悠闲。最让王白满意的是长城上整齐、干净、整洁。想想古代的士兵骑上马，在这上面纵横驰骋多意气风发呀！王白沿着长城往前走，感觉很神气很得意，他想象自己是一位将军，在巡视。但走了一会儿，王白就腻了，他想还是平时来好，那么多人，多热闹，现在却空旷寂寥，而且这一段长城都是这样子。王白想回去，又觉得自己花了钱跑这么一趟不容易，他便想多待一会儿。这天，他一直在长城上转来转去，他希望能遇到几个也来攀登长城的人，最好是几个外国人，直到他肚子饿了，拿出方便面干吃时，还是没有别人上来。

王白吃着方便面想，长城号称万里，那一定是很长很长，自己顺着这段长城往前走，或许可以回到家里。这样一想，他为自己的想法激动。但他又想到，那得走多长时间呢？自己带的吃的根本不够，沮丧了。

王白下长城时，在工艺品摊位前，看到了那些在长城上挂的铜锁子和红布条，他问一下价钱，吓得吐了舌头。一块红布条就一元钱，锁子就更贵得离谱了。他又去别的摊位前问问，都是这价钱。有一个摊主和他讲得清楚，这是中华儿女同心锁，把这锁子锁长城上，钥匙扔悬崖下，夫妻俩一辈子都不会分开。王白想，就是不分开，也用不着这样贵呀。但他觉得这个人好，买了他一个写着“不到长城非好汉”的背心。

王白回北京后，觉得自己终于看到电视上的长城，一点儿都不遗憾了，他想宇航员在月球上看到的长城也是这段吧。他现在只想着回家，等非典过去之后，和小红结婚。他一天也不想在北京多待了。

王白又回到山里，他觉得到处都十分破旧仄逼，他想马上找小红去，告诉她北京的长城是什么样子。可是村长来了，很严肃地对他说不应该私自跑到北京去，现在待在家里不能出去，每天向他汇报体温，什么时候能出去了，再通知他。王白要问为什么，爹阻止了他。

村长走后，爹说：“这些天典得厉害，传说咱们县里也有了，北京更厉害。现在对从外边回来的人管得很严，你就在家待着吧。”王白想，这日子怎样过呢？

王白每天待在家里。他希望小红来，可是小红一次也没有来，而且，村里也没有人到他家来。每天，娘把体温测好送村长家。王白快要憋疯了，他所能做的，就是一次一次回忆这次出行的细节和北京的长城。

一个星期过后，娘带回村长的话，他可以出门，但不能再去外边，否则就把他关起来。

王白自由后，去爬村外猴儿岭上的长城。他看看山顶上那残破的城墙，选一面较缓的坡往上爬。没有路，到处都是灌木和草丛，爬半天，回头看，只走了一点，长城还是高高在上。他想，这鬼路，谁能上去呢？一个多小时，才爬到山顶上，一点儿力气都没有了。王白想，有多少年没有上这儿的长城了。山顶上的风很大，王白爬到城墙边，这儿的城墙只是单片的一堵墙，里外是悬崖峭壁，风掀着他的身体好像要把他吹下去，四周都是苍苍莽莽的大山。王白手脚并用攀着嶙峋的石头沿着城墙往前挪了一会儿，身上就满是汗。城墙斑斑驳驳，到处是城砖剥离的地方，旁边长满荒草，往年的足有二尺高，新的也长出来了。王白有些心疼。又往前挪了挪，在一处稍宽敞的地方坐下，荒草立即淹没了他。王白看见天上的云在乱飞，两只鹰迎着风不停地扇翅膀。远处有一座烽火台，王白想过去看看，可是前边的城墙断了，山脊刀锋似的过不去，他只好下山。

在山下，他遇到村长。村长说：“没事干，爬爬咱们的长城多好啊，去北京，钱多得没处花。”

王白觉得很好笑。

下午，王白穿着他印有“不到长城非好汉”的背心在村子里转。几个因非典放假在家的学生摸着他的背心说：“王白哥，你真的上过北京的长城？”王白说:“那还有假。”孩子们眼里满是向往和羡慕的神情，说：“你真了不起？”王白说：“你们好好学习，长大考北京去。”孩子们都点头。王白给孩子们讲北京的长城有多高，有多雄伟、壮观，长城的台阶有多宽，有多好爬，长城是多么整洁、宽敞。孩子们一个个听得都很入神，都说长大后要考北京的大学。

王白再次爬长城的时候，去上次看到的那座烽火台那儿。他先到一个能看到那座烽火台的坡上，沿着往上爬，路比上次更陡。他咬着牙一直爬上去，烽火台已经残缺不全，倒了的城墙歪在山脊上，没有了那种恢宏的气势，好像一个强壮的人瘫痪了。再往前，路又断了。

谁也不知道非典什么时候能过去，电视报道每天都死人，传言附近的地方也有了疑似病例。王白没事的时候就去爬爬长城。他经常爬到烽火台那儿，眺望远方，他觉得有种神秘的东西在吸引着他，可是他一个人没有勇气再往远处走。

一天，来了几个陌生人，被挡在村外。他们怎样解释，村长也不放他们进来。很快村口聚起一大堆人，王白也过去看热闹。这群人拿出证件说他们是考察长城的专家，成天在野外跑，不可能有非典，他们想考察这儿的长城，希望在村里找个向导。王白一听，二话没说就答应带他们去。他们没有进村子，从一条山路上插过去。王白看看来的几个人，有一个年纪已经不小了，别人都叫他罗教授。他担心罗教授上不去。没有想到爬山的时候，罗教授紧紧跟在他后面，有时还从地上捡个陶片或砖块仔细看看，收包里。到了那个烽火台的时候，罗教授他们掏出矿泉水给王白一瓶，罗教授指着北边的地方，说："那就是金沙滩吧？"王白点点头。王教授的表情很严肃，说："这是一块多古老的土地啊，历史上这里发生过数不清的战争，真是中原的门户！"罗教授的话王白不太懂，他只是觉得罗教授有学问。

歇了一会儿，罗教授还要往前走。他们谁也不知道路了，只是根据罗教授的判断迂回着向远处那道山岭上爬。这次是罗教授走在最前面。王白不时地提醒一句，小心。他们走得越来越远，爬得越来越高。王白怀疑这样一直走下去会迷路。他们爬到一个岭上时，忽然又一个烽火台出现在视野里。王白说："快看。"罗教授点点头，说："走。"

终于他们到了那个烽火台前面，罗教授说："太美了。"眼前的烽火台和长城王白以前没有看到过，但他还是有些失望。这段长城都用砖完整地包着，但还是很瘦，还是不如北京的长城雄伟、壮观，而且砖是灰白色的，不像北京的青砖那样好看。上面的草倒是高，大概从来没有人来这儿。那些淹没在草丛中的城砖上落满了白色的鸟屎，风吹着草丛发出呜呜的声音。罗教授他们拿出尺子等工具开始测量，拍照片。王白钻进一个烽火台，里面阴冷阴冷，一大群鸟惊出来，投在红色的夕阳中，像一条沸腾的河流。

杨遥，《王白的长城》，黄河，2007年第5期。

《长城别》（节选）

王保忠

村东北那片浩浩莽莽的山，叫走马山，山脊上曲里拐弯爬上爬下的黄土墙就是明长城了。山的北边是河北，东边是内蒙古，是村里人叫作口外的地方。县志上把这个村叫边村，一鸡鸣叫，三省相闻。也许是太过偏僻，村子里很少有人来，车就更少见了。前年县上把柏油路也通进了村里，路好走了许多，但还是难得见到外边的人。村子里的人倒是拼了命地往外走，留下的都是些老弱病残了，这村庄就分外地安静。有时孩子们静下来在教室里写字，巧珍就望着远处的长城发呆，想象着城墙那边的生活。

……

巧珍进了教室，在黑板上画了走马山的土长城，画得很长很大，整个黑板都给占满了。然后扭过头说，今天城里来了个摄影师，来给我们村的长城照相了。孩子们都看着她。巧珍用教鞭指着黑板说，这是我们的长城，你们都看到过吧？孩子们点点头。巧珍说，摄影师来了，他把片子照出来，也许全世界的人都会知道。以后来看长城的人会越来越多，我们村慢慢也要热闹起来了。孩子们就七嘴八舌说起来。豆豆说，会有大鼻子蓝眼睛的外国人来吗？巧珍说，当然会呀。豆豆说，那就好玩了。

好像是这么一说，巧珍发现这些孩子对村边那些土墙有了兴趣，也照着黑板画起来。巧珍就教着他们画画，一会儿在黑板上指点一下，一会儿下了讲台走到某个孩子跟前夸奖一番。巧珍发现豆豆画得很认真，画了又擦，擦了又画，好久才画出个样来。巧珍就站在那里看，画面上是一段长城，城墙上长出一棵高高的草，草尖上居然是一个女人的头像。

巧珍就笑了，你画的什么呢？

豆豆说，画的长城和你。

巧珍说，老师在哪里呢？

豆豆说，这棵草就是老师，你比长城高，

我要让外国人也看到你。

巧珍说，为什么要让外国人看到老师？

豆豆说，因为老师是全世界最好的老师。

巧珍就瓷在了那里，眼里竟然有了泪，半天不知道该说些什么了。

……摄影师抬眼看了看，嫂子，这都是你的学生吧？巧珍点了点头。豆豆见屋里有客人，就探进头来看。巧珍温和地说，进教室去吧。豆豆冲她眨了眨眼睛，老师，那个扎辫子的叔叔，就是你说的摄影师？巧珍说，是呀，他拍的片子很出名。豆豆说，他是个男人，为什么要扎辫子呢？巧珍脸一红，说你别乱说，出去吧。豆豆却没有走的意思，说那这个好看的阿姨呢？巧珍说，这个阿姨是艺术家，模特。豆豆忽然笑了，就是电视里扭屁股的模特了？巧珍有些生气地说，瞎说什么，这个阿姨是搞摄影的模特。豆豆嘻嘻一笑，反正是模特了。巧珍说，去吧，都进教室去吧。豆豆说，老师，你不是说他是来拍长城的吗？我们想跟着看看怎么拍。巧珍说，有什么好看的，进教室写字去。豆豆说，我们想看嘛。巧珍笑笑，忽然看到了摄影师的手，眼前又跳出昨晚的一幕，就说真的没什么好看的，去玩你们的吧。

摄影师却说，就让他们去看看吧。

巧珍摇摇头说，一会儿他们还要上课。

摄影师说，在长城上上课不更有诗意吗？你也去，把他们都带上。

巧珍摇摇头说，这哪行呢。

摄影师说，嫂子和这些孩子去了，我会拍出好片子的。

女模特一撇嘴说，人家走不开嘛，赵老师你干吗非得拉上人家？

摄影师也没理她，接着对巧珍说，嫂子你一定得帮我，我这次能不能拿奖，全看你的了。

丈夫在一边说，那就去吧，这个忙我们得帮。

巧珍拗不过，等孩子们来齐了，就领着他们往村北的土长城走去。山坡上高高低低的庄稼已经成熟了，空气里飘荡着莜麦和蚕豆的气息。坡上有一条路，一会儿插到了庄稼地，一会儿又拐出来。在路上走着，一抬头就能看到山脊上那段黄色的土墙，忽而栽到了沟下，忽而又攀上了峰顶。丈夫和摄影师在前边走，巧珍领着她的学生跟在后面。女模特走在最后面，她好像很不开心，一张好看的脸始终阴沉着。巧珍回过头看了她一眼，说你一准是昨天走累了吧，不常下乡，不习惯我们这山野小村。女模特说，是让他折腾累了。巧珍不解地看着她。女模特忽然笑了，说他喝那么多酒，真是累人呢。巧珍笑笑，男人总是管不住自己的嘴。

女模特伸了个懒腰说，我不明白他为什么要让嫂子来，你又不是搞艺术的。

巧珍说，他不是想拍个获奖片子吗？

女模特说，昨天本来拍得很好了嘛，各个角度都拍过了。

巧珍就想起了丈夫的话，就说你也真不容易。

女模特说，是啊，成个名真难呢。

巧珍说，慢慢来，你条件不错，肯定能成功的。

女模特说，你不懂我们这行，条件好又怎么样，没人捧还不是白搭？不过，成了名就可以拍广告了，不像现在累死也拿不了几个钱，不拿钱不说，你也看到了，赵老师他就没个好声气嘛。

女模特说罢，丢下她往前走了。巧珍怔了一怔，也跟着走，越往上走，坡越陡。巧珍看到有两个孩子爬不动了，就弯下腰抱起一个，又叫丈夫也抱了一个。丈夫身上还挎着他同学的包。巧珍笑了笑，不明白摄影师为什么非得带那个包，又不装照相机，带着还不是累赘吗？她真搞不明这些城里人怎么想的，走哪里非得带个包不可。摄影师早忙乎开了，一会儿爬上高处，一会儿又蹲下来，有时还躺着拍。巧珍看了，就觉得搞摄影也真不容易，丈夫这个同学也够敬业的。就想，也许真是自己小家气，错怪他们了。

终于爬上了城墙，孩子们欢呼起来。巧珍怕他们掉下去，伸开手护着，叮嘱不能乱跑。女模特坐在城墙上，懒懒地看着远处，一只手拔着身边的草。摄影师不满地说，起来，这是在工作。女模特懒懒地站起来，一张姣好的脸对着他，怎么工作呢？摄影师摇摇头说，你得马上进入状态，开动你的脑子！女模特打了个哈欠，盯着那些孩子看了半天，忽然跑到摄影师身边，嘀咕了半天。摄影师点了点头，女模特就又朝巧珍走过来。

巧珍不知她要干什么，笑吟吟地看着她。女模特说，嫂子我有个创意，想扮个乡村教师，这些孩子当我的学生。巧珍点点头，当然好啊。女模特接着说，这个片子叫长城别。巧珍有点不明白，什么长城别？女模特说，一会儿你就知道了，现在你和你的学生只要配合就行。巧珍笑笑，扭过头对豆豆他们说，这个阿姨现在是你们的老师，你们要听她的。女模特摸了摸豆豆的脸，好孩子，你们要大胆想象，跟着阿姨入戏。豆豆说，入戏？我们要唱戏了？女模特说，别打岔，是这样的，阿姨从大城市来到你们这个偏远的小山村，教你们念书，慢慢跟你们建立了深厚的感情，现在，阿姨要走了，翻过这道长城，那边就是进城的路了。阿姨要走了，你们舍得吗？

豆豆忽然笑了，走就走吧，你又不是不会走路。

孩子们也跟着笑了。

女模特脸色就变了，瞎起哄，怎么能这样说呢？阿姨要走了，你们应该很留恋，拉着我的手，眼里闪着泪花嘛。

豆豆说，你不是老师，我们不会流泪的。

女模特一跺脚说，急死了，不知道这是在拍片子吗？这又不是真的，你们就不能假装一下吗？假装我就是你们的老师，假装你们很爱我。

豆豆做了个鬼脸，扭着屁股走了走说，假装我是个模特。

孩子们又哄地笑了。

巧珍也想笑，又怕女模特不高兴，就忍住了。摄影师急了，在城墙上走来走去的，忽然招招手把女模特叫过去，粗着嗓子说，你这是面对一些七八岁的孩子，他们不是大人，明白吗？你要学会引导，学会引导！女模特一甩手说，怎么引导，还怎么引导，这么野的孩子，我是没办法了。摄影师摇摇头，蹲下身对豆豆他们说，你们很爱你们的老师吧？几个孩子点点头，这还用问吗？摄影师忽然说，可是你们的老师要离开了。豆豆就急了，你哄人。摄影师说，我没有哄你们，你们的老师太好太优秀了，教育局决定把她调到城里的学校去教书。现在，我就要把她领走了，你们舍得吗？

巧珍没想到摄影师会这么说，她心里好像给什么揪了一下，好像自己真的要走，要离开这些孩子了。她忽然觉得自己根本离不开他们。开学那阵子，她还盼着有谁能办个学前班，那样她就能把他们托付过去了。她甚至劝过一个刚刚高中毕业的姑娘，说她要进城给儿子做饭去了，你有文化，你办个班吧。那姑娘说挣那么点钱，还不如开个小卖部呢。她有点失望，可想想也是，她不是也不想干了吗？自己都不愿干，还怎么能强求别人呢？现在，她却觉得再也丢不下他们了。她看了丈夫一眼，心说维持不下去也得办，没钱买炭就不买，过几天带着孩子们到野外拾些柴火，总能对付过去。只要有一个孩子在，她就得留下来，把他送到小学去。

老师，你不能走！豆豆他们忽然哭出声来。

巧珍伸出手，想把他们一个个都揽进怀里，可是，又觉得手臂太短太短了。坐在那边的丈夫自然什么都看到了，摇摇头，想说什么，终于没有说。她望着眼前浩浩莽莽的走马山，山上曲里拐弯的土长城，眼前忽又跳出了豆豆画的那幅画，画中的长城和城墙上那棵长着女人头像的草，忍不住肩膀一抖一抖地抽泣起来。多好的孩子，她怎么舍得离开他们呢？

你们都别哭，老师不会走的。巧珍说。

这时候，摄影师已飞快地按下了快门，咔咔嚓嚓拍了几下。

好极了！摄影师情不自禁地叫起来。

巧珍抬起头，看到摄影师早收起了相机，把女模特揽进了怀里。女模特看起来却很不高兴，从他怀里挣脱出来，向远处跑去。摄影师怔了一怔，跟着追了上去。巧珍不明白他们之间发生了什么，只是冲着孩子们笑笑，说那个叔叔是哄你们的，我不走，不会离开你们的。豆豆他们这才笑了，满脸的阳光，围着她，蹦蹦跳跳的，像一群小麻雀。丈夫依旧坐在那里，笑眯眯地看着他们，也是一脸阳光。不知什么时候，豆豆跑到了丈夫身边，抢过了摄影师的那个包。丈夫也没去管，憨憨地笑着，看着豆豆挎着包，学着大人的样子，在城墙上走来走去的。

后来，豆豆挎着包走远了，那些孩子也跟着他走远了。

城墙上的风大了起来。

巧珍看到他们忽然玩起了摄影师的包，从这个手里飞到那个手里，又从那个手里飞到这个手里。巧珍怔了一怔，便朝那边跑去，她觉得该制止了，怎么能这样呢？丈夫也急了，站起身，也一瘸一拐朝那边跑去。可是等他们跑过去时，那只包却掉在了地上，包里的东西哗地抖落出来，一些相片在风中飞扬起来。豆豆他们肯定吓坏了，一个个瓷在那里，看着照片在空中飞舞。巧珍急得眼泪都快下来了，不知怎么抓到它们，那可是摄影师拍的相片，丢了怎么办？终于有一张慢悠悠地落下来，巧珍捡起一看，相片上是长城和一丝不挂的女模特。女模特挥舞着双手，裸着的身体是古铜色的，夸张地倾斜着，好像要拥抱什么。巧珍手一松，照片立刻给风抽走了，掠过土城墙，不知飘向哪里去了。

王保忠，《长城别》，山西文学，2007 年第 2 期。

《湖光山色》（节选）

周大新

（暖暖与旷开田夫妇找到赚钱的门道）

飘了两场小雪之后，丹湖上就变得安静无比，湖面上除了偶尔有一条载人的小船驶过外，便只有波浪在寂寞地涌动着。湖边的楚王庄这时也安静了许多，只有狗和鸡们仍在村中乱跑，人们大都躲在屋里暖和，很少有人到屋外走动。可在旷家，没有热劲的太阳刚一升起，暖暖就把织了一半的一张大渔网挂在了门前的老辛夷树上，忙着织起来。织了渔网去卖，是她最近想出的挣钱的新法子。得想办法赶紧弄钱啊，近几日，又有几家人来催要欠款，已经把开田吓得躲到他舅家了，这个家，是太需要钱了！暖暖边织边想，但愿这张网能多卖点钱。半晌午时，丹根由他奶奶抱着出来，扎煞着手喊着要吃奶，暖暖只好停下手，把丹根接过来抱在怀里，撩起前襟把奶头塞进儿子的嘴里，趁这当儿，她抬头向丹湖看去，目光跟着一只鸟在天上飞。天哪，快点暖和起来，好让俺们下湖捕鱼挣钱吧。她正这样想着，忽见一条小船由湖里划过来，她认出那是村里黑豆叔的那只小船。平日里由东岸来的人很少，偶尔来一两个，也多是到凌岩寺烧香的香客，可今儿个从船里下来的，是一个城里打扮的男子，不大像香客，既没带香裱也没带供品，倒是背着一个鼓鼓囊囊的帆布大包。那人从船上跳下，付了黑豆叔钱后，大约是看见这边有人，就径直向旷家门前走过来。通常，由城里来的人多是找村主任詹石磴的，心情不好的暖暖此时不愿多话，便把目光又扭到了网上。

嗨，老乡，你好。

听到人家的问候，暖暖只好扭过脸，应了声：好。她这才注意到，来者差不多是一个老头了，身子精瘦精瘦的。老伯，是要去凌岩寺里烧香？她礼貌地问。

不是。老人摇着头。

那是——？

随便转转，听说你们这儿的后山上有一道用石头砌起来的长长的墙，绵延了许多山头，可是真的？那人气喘吁吁地问。

有是有，可那墙早就东倒西歪的，没有一点用处了。暖暖想了一下答道。她为这城里老头关心后山上那道不起眼的石墙感到了一点惊奇。

我是在丹湖东岸碰到你们村里那位叫黑豆的船主的，他告诉我说你们这儿的后山上有道长墙。那人还在喘息着说。

那墙真的没有用处了。暖暖又耐心地解释了一遍。

你或者你们家里人能不能带我去看看？老头却依旧笑看着她问。

没啥看头，就是一些石头块子。暖暖可没有心绪领他上山看石头。

当然不是让你们无偿领我去，我会付报酬的。

尽管暖暖心绪不好，可她闻言还是笑了：要啥子报酬，你要实在想去，我领你去一趟就是，走点路还能要钱？

这样吧，你领我去，我给你二十块钱。

暖暖一愣：二十块钱？真的？

那还有假？老者也笑了，要不，你现在就把钱拿住。说着，竟真的掏出两张十元的票子递过来。

暖暖有些不好意思地推开对方的手，说：我还没有帮你忙哩，哪好意思就收你的钱？你等一下，我把娃娃放到屋里就领你去。说着，就扭身朝院里走。进院门时，心里就涌出了一份真正的高兴：二十块钱，就是四十斤麦子的价钱哪，我正为钱发愁，竟真有人来帮忙了，是不是佛祖他老人家看我去送了香火，又见我可怜，就派了这个人来？

暖暖进屋把丹根交给婆婆，顺手拿了一把砍柴的镰刀和一根捆柴的绳子，出来就领着那老头向后山走了。后山上的那道石砌长墙暖暖去的次数多了，小时候跟爹上后山打柴，长大了上后山割喂猪喂羊的草，都要经过它的身边，有时还坐在坍塌的墙上边歇脚边吃过干粮。上山的那条小路，她闭了眼也能摸到。她和老人互通了姓名，知道老人姓谭，叫谭文博，是从北京来的。老伯，你住北京啥地方？暖暖因为对方来自自己当初打工的地方而感到了一丝亲切。海淀，北大附近，北京大学你去过吗？暖暖摇着头，跟了又问：你大老远地跑到俺们这个又偏又穷的小地方干啥？总不会是就为了看一道石头墙？

我呀，从一本书上知道你们这个地域过去曾建有一道石墙，不知道是否真有其事，就特地来看看是否还有遗迹。山路难行，老人又背着东西，边走边说，没走出多远，就喘开了，暖暖见状有些心疼，不由分说从他背上把他的背囊拎了过来说：我替你背吧。老人没多推辞，只笑道：真谢谢你了，小楚。

午饭两人是边走边吃的，老人从自己的背囊里拿出了面包和火腿肠，同暖暖分着吃了。暖暖虽然在北京打过工，可从没舍得买火腿肠解馋，这还是第一次吃，咬了一口，暗暗称奇：真是香！就舍不得吃完，趁老人没有注意时，把半截火腿肠塞到了裤子兜里，预备着晚上拿给丹根尝尝。

由于老人走得慢，他们爬到那道石砌长墙边时，已是后半晌了。暖暖估摸那老人会失望，就指着那长墙怀了点歉意说：你看，就是这个倒塌的样子，确实没啥用了。没想到那老人却异常激动，脚步踉跄地扑到长墙旁，急急地掏出眼镜、放大镜、笔、锤子和一些暖暖看不明白的工具，在墙上仔细地查看、敲砸、丈量、记录起来。暖暖先坐在一旁歇息了一阵，之后就在附近砍起了柴，偶尔回头看一眼忙碌的老人，心里觉着好笑：对这道老辈子就有的无用的石墙，值当这样认真？

那老人一直忙到暮色升上来，连他自己带来的水壶都忘了摸，更不用说喝水了。

走吧。老伯，再不走就天黑了。暖暖提醒道。老人这才抬起头看了看天，说：好，好，走。目光中仍有些恋恋不舍的味道。

当两人往回返时，老人满心高兴地说：小楚，很感谢你带我上来，你知道我今天发现了什么？一道长城啊！

长城？

对呀，这道石墙初步可以判定是楚国在其中后期时修的长城，目的是抵御秦国入侵。

楚国人修的？暖暖一脸茫然。

是的，你们今天生活的这块地方，历史上属于楚国，楚国最早的首都就在离你们楚王庄不远的地方。

暖暖恍然记起村里九鼎说的有关楚国屈原的那些话，笑笑：我……听说过楚国的一些事，可不大晓得这石墙是……

你当然不知道，这些离你今天的生活已经太远，我过去只是从一本史书上知道，在楚国和秦国多次发生战事之后，为防秦兵入侵，楚国在这一带的山上筑有长城，我这次出来，并不敢抱真能找到的希望，没想到在老黑豆和你的帮助下，竟一下子就找到了。你不知我有多高兴啊！

它已经没有任何用处了。暖暖觉得有必要再次提醒一下。

是的，它已经没有任何使用价值了，可它有研究价值！懂吗，孩子？！……

老人在回来的路上兴奋地说了一路话，大部分暖暖都听不太懂，暖暖几次想问他晚上住在啥地方，是不是有人在等着接他，可一直插不上嘴，直到走到村边时，老人望着已经完全变黑了的天空，才猛地停步说：小楚，我今晚是要住到你们村了，能不能在你家借住一宿，我付你钱行吗？

暖暖有些迟疑道：住当然可以，只是俺家的屋子不像城里的屋子那样宽大亮堂，床也是老式的，只怕你住着不合意。

没事，只要有个睡觉的地方就行，我经常外出，什么艰苦的地方都住过。这样吧，咱们预先说定，我在你们家借住一晚付你五十块钱，我跟着你们一家吃一顿晚饭和早饭，再另付三十块钱，加上你给我带路应得的二十元报酬，总共一百元，行吗？

暖暖笑了：借个宿，吃顿饭，在我们这儿是不收钱的，谁没有个出门求人的时候？你只要不嫌弃俺们乡下人就行了。

钱一定要给，这也是你应该得的！老人边说边就把一张百元的票子塞到了暖暖手上。暖暖有些吃惊，我就这么轻易地得了一百元？二百斤小麦的价钱哩！她把票子捏了一阵，想推辞，又不舍得，迟迟疑疑犹犹豫豫地装进了衣袋。

到了家，公公婆婆见暖暖把一个城里老人带到家里，都有些意外。暖暖一面礼让客人坐下，一面就把和老人相识的过程说了一遍，婆婆听罢忙去做饭。婆婆向灶屋走时，暖暖跟了过来小声交代：娘，把你做饭的手艺拿出来，这老人家可是已经为今天的晚饭和明天的早饭付了三十元钱。婆婆就小声抱怨她不该收人家的钱，出门人谁没有个借宿的时候？暖暖说并不是我要收的，是他坚持要给的，你把饭做好让他吃饱咱不亏心就行。

婆婆那天晚上可是把平日练出的做饭手艺都拿了出来，炒了四个菜：一个油煎干南瓜花，一个辣椒炒干豆角，一个韭菜炒鸡蛋，一个蒸马齿菜。饭是暖暖自己和面擀的长面条。饭菜端上小饭桌，暖暖满含歉意地说：家里没有肉，只好让你吃素了。老人高兴地尝着菜，叫道：好吃好吃，我喜欢，吃素对人身体好。老人一连吃了两大碗面。放下碗后他对暖暖笑道：我好久没有吃过这么饱了。他还笑着对暖暖说：我要有你这擀长面的本领，早开农家面馆了。暖暖被夸赞得脸都红了。这是暖暖许久以来最高兴的一个晚上。

安顿老人在空屋里睡下，暖暖回到了自己的睡屋，那当儿丹根已经让婆婆脱了衣裳躺下了，暖暖脱衣上床后，忽然想起放在裤兜里的那半截火腿肠，忙掏出来朝丹根嘴边递去，说：尝尝！啥？丹根有些惊奇。北京那个老爷爷给的，是用肉做的，香得厉害。丹根咬了一口嚼着，点了点头说：妈，好吃。别吃完，留一点让你爹回来后尝尝。暖暖悄了声给儿子交代……

第二天早上起来，那老人对暖暖说：我还想在这儿再工作几天，你能不能继续陪我上山？如果可以，我每天再给你加三十块钱报酬，算上吃住费用，每天一百五十元，如何？暖暖当然急忙点头，织渔网哪有这事挣钱快呀？有这样一个挣钱的机会送到面前，还有不答应的道理？早饭前，暖暖先是回了一趟娘家，让妹妹禾禾快去开田舅家把开田叫回来，让他不要躲了，然后就准备了两份干粮，预备带了中午在山上吃。

早饭后，暖暖替老人背上背囊，又领他上了山，陪他沿着那倒塌的石墙一点一点向前查看、测量、计算、记录。当晚返回时，开田已从舅家回来了，暖暖先给开田说了认识老人的经过，然后把老人给的钱放到了开田手上。开田又惊奇又高兴，说：这真是从天上掉下了个挣钱机会。之后，暖暖就把开田向谭老伯做了介绍，老人笑着对开田说：那明天就麻烦你陪我上山了。

从第三天开始，就由开田陪着老人上山。开田对那道石墙当然也熟悉。那老人在开田的陪伴下，又一连忙了九天。那些天里，开田和暖暖从老人那里知道了很多事情。老人告诉他们，这条长城最早是楚国人修的，后来倾废了；到南宋时，金兵南犯，南宋的军民又把这条长城加以修整，作为抗金的一道屏障。从城墙上所砌石头的断碴可以看出，有的石头由山体上取来得早，有的由山体上取来得晚。老人还告诉他们，城墙后边留下的那些石头房基，能看出是当年守卫城墙的军士们的营房，那些营房中大间的是供军官住的，小间的是供士兵住的。老人还告诉他们，城墙后那片被石块隔成格子的开阔地，是当年的演兵场，在没有战事的时候，军士们就在这片场地上练兵。开田和暖暖听得很有兴趣，他们没想到这些已被他们看过无数次的石头，竟可以作出这样多的解释……

老人临走那天握住开田的手说：谢谢你们两口子这些天给我的帮助，以后有机会，我可能还会再来。

来了我们还陪你。暖暖真诚地说道。她对老人心存一份感激，那天她和开田一直把老人送到湖边坐上黑豆叔那条摇去东岸的小船，她内心里真希望老人以后还能再来。这十一天里，让旷家有了一千六百元的收入。这些收入对于开田和暖暖来说，是太宝贵太及时了。开田就是用这些钱，给索要最急的几家还了些款，继续给爹抓药治病，把一个冬天的开销对付了过去……

这真是一个好天，天空像被人清扫了一遍，干净得没有一点点云彩，瓦蓝瓦蓝的；湖面上也没有一丝丝风，水微波不兴，安宁得像一面巨大的镜子，只倒映着纯净的天空。“楚王”的船队就在这蓝天丽日里由湖湾的芦苇丛中飞出，很快地向岸边驶来。暖暖看见了，身着楚时服装的青葱嫂就站在楚王赀所在的那只船的船尾上，正奋力摇着桨。船的飞驶带起了风，风把青葱嫂的衣角掀上掀下，将她由帽子里露出的短发捋左捋右，她迎风摇桨，柔弱的身子也显出了一股英武来。暖暖让自己的目光只定在船尾，丝毫不动，因为她知道，只要目光稍一移动，她就会看见楚王赀的扮演者，看见那个她一想起来心就要疼痛的旷开田，姓旷的，你竟对我下如此狠手，我差一点就要被你踢死了……

……

（暖暖与开田越来越有钱，但慢慢形同陌路，开田转变为黑心商人）

“楚王赀”（开田扮演）带领随从上岸祭拜的场景暖暖没有再看，那些场景她太熟了，差不多已经刻印到了心里。她此刻不想再看的原因，除了太熟之外，还因为她不想看见旷开田那副耀武扬威的模样。她仍把目光放在青葱嫂摇的那只“王船”上，她看见青葱嫂在“楚王赀”和随从们从船上下完之后，一直蹲到船里忙着什么，偶尔站起身，也是很快又蹲下去，直到“楚王赀”和他的随从又在音乐声中返回到船上。离别的时刻到了，音乐变得低沉起来，船队缓缓离岸，“楚王赀”站在船头朝岸上俯首长揖，随从们一齐在船上跪下朝岸上磕头，青葱嫂又摇动了船。按照往日的演出，接下来船工们只需把船摇进芦苇丛里就行，船队中的其他船工们都是这样办的，独有青葱嫂却继续把船向湖的深处摇。岸上看热闹的人们注意到了这一点，都有些惊奇地看着，暖暖也觉得意外，以为青葱嫂的丈夫长林没有给她交代清楚。暖暖看得很清，船上的“楚王赀”和随从这时都扭头去看青葱嫂，大概是在问她何以改变演出内容，不想就在这时，只见那船忽地左右一晃，突然就散架了，船上的那些人一下子全都落了水，在开田落水时，暖暖看见青葱嫂朝他扑过去。岸上看热闹的楚王庄人见那船散架，倒都没着急，庄上的人全会游泳，谁还在乎落水？暖暖自然也没着急，她只是为青葱嫂担着心，担心旷开田会因青葱嫂出的这个纰漏扣她的工钱。岸上的楚王庄人都静静地注视着事情的发展。看表演的游客们见楚王庄的人都这样放心，就都站那儿看起了热闹。暖暖瞥见，薛传薪也站在那些游客中间，脸上浮了些惶惑。

落水的人都在向岸边游，并渐渐游到了岸边，暖暖用目光在寻找着青葱嫂，她知道青葱嫂的游水本领很好，她应该已游到了岸边，可奇怪，上岸的那些人中却并没有她，暖暖又用目光去找旷开田，上岸的人中也没有他，回头去水中看，水中却再没有了游水的人。暖暖的心忽地悬了起来，天哪！她猛喊了一声，她觉出脑子里发出轰隆一响，忽然记起了青葱嫂说过要替自己报仇的话，想起了青葱嫂这些天的表现，霎时明白了她要自己今天看表演的目的，明白了她是想干啥，暖暖不顾一切地向水边奔去，同时嘶声喊了一句：快去救人——

岸边看热闹的楚王庄人此时显然也意识到了什么，有几个人也慌忙跳上了岸边的船向湖里驰去。

几乎在暖暖喊声落地的同时，远处的水面上漂起了两个人。

不，不——暖暖边叫边扑到了岸边的一条小船上……

旷开田后来被放在牛背上在村里转了几圈，才算把喝进去的水全吐了并清醒过来。青葱嫂虽也吐出了水，却一直处在昏迷中，村里人忙慌慌地用门板把她抬送到了聚香街的医院里。旷开田清醒后被扶进了他在赏心苑的办公室，他闭了眼回忆着自己所遭遇到的事情，满脸愤恨地对薛传薪说：青葱这个贱女人，一落水就扑到了我的身上，死死地抱着我，要不是我把她打晕，她差一点就要害死我了，娘的，好好的船咋就散了架了？我怀疑她是存心搞破坏，从今往后，再不许她和她男人与我们赏心苑有任何来往和纹缠……

第二天早饭后，暖暖拄着木棍出门，她已和九鼎说好，让九鼎用自行车驮她去乡上医院看望青葱嫂。暖暖出了院门刚要坐上九鼎的自行车后座，忽见湖面上有一艘摩托艇呜呜地开到了村边码头上，从艇上随即下来了几个穿便衣的人，那些人风一样地冲进了赏心苑的院子，暖暖觉着有些奇怪，赏心苑出了什么急事？就在她站那儿诧异的当儿，猛见旷开田和薛传薪被那几个穿便衣的人戴着手铐拉到了门外，暖暖和九鼎都瞪大两眼惊在了那儿。

你们要干什么？我是楚王庄的主任！你们敢抓我？！旷开田这时高声喊着。那便衣中的一位把一个什么证件向旷开田眼前一放，他竟没再言语。这边的暖暖心中猛然一喜：是警察？！一定是警察，老天爷啊，到底盼到了这一天。暖暖陡觉身上来了力气，拄杖疾步向赏心苑门前走去。这当儿，只听薛传薪大声叫着：我是省城五洲公司的高级管理人员，告诉你们，就凭你们这些小警察，还敢跟我来这一套？你们怎么把我拉走的，还要怎么把我送回来，不过到时候可别怪我对你们不客气！

那就随你的便吧！这时从赏心苑院里又走出一个人朗声应道，我倒要看看你有多大本领！说着挥了一下手，那几个便衣便推着旷开田和薛传薪上了摩托艇。暖暖定睛去看答话的那人，不由得骇然瞪大了眼睛：那不是昨天去自家门前问自己身体咋样的那个络腮胡子游人吗？他也是警察？

楚暖暖经理，你好。络腮胡子看见暖暖，忙迎了过来。认识一下，南府市公安局的大胡子小警察。

你？

他的声音突然变低：领导接到你的举报信后，就派我来了，不过我是以游客身份来的，在赏心苑已经住了不少天啦！我现在受权对你宣布，楚地居可以立刻恢复营业……

暖暖只顾去抹眼泪了，既忘记了说话，也忘记了去听对方说话，直到对方上了摩托艇，她才想起去挥手。摩托艇的马达立刻吼了起来，艇随即便调头向东岸驶去，艇身急速拐弯时激起了很高的浪花，长长的浪痕久久没有消失。暖暖那天记得最清的一幅画面是：旷开田站在摩托艇上，满脸惊慌地望着越来越远的楚王庄……

楚王庄的楚国一条街正式剪彩开业，是在来年秋天的一个上午。来自四面八方的游客在那个天朗气爽的秋日里，兴奋地跨过两千多年的时间之桥，进入了这条满布着楚地景观的小街，新奇地欣赏着那些带有原始意味的建筑、器物和穿戴了楚时衣饰的男男女女。在一家出卖陶器的小肆前，须发皆白的谭老伯正对着暖暖朗声说道：我的心愿总算经你的手实现了，看看这条街市，就可约略地知道我们先民的生活景况，我高兴呀……暖暖把目光从远处的一伙外国游人身上收回，喃声问道：楚时的商人，是一种什么地位？谭老伯笑答：那时的商贾，已被列为四民之一，所谓商农工贾，不败其业，说的就是那时的情景……

那天剪彩之后的另一件大事，是五十多位来自欧美国家的游客，由楚王庄码头坐上游船去看湖中三角的迷魂烟雾。为了不出纰漏，暖暖决定亲自上船做导游。船至湖心三角区附近停下时，前方碧绿的水面上尚一切正常，仅仅几分钟之后，就如农妇点燃灶膛里的柴草炊烟升起一样，水面上开始有一股烟雾缓缓升起，那烟雾越来越浓越铺面积越大，直把整个湖心三角区全部铺满并开始袅袅升入高空。外国游客们都被这奇异的景观惊住，瞪大眼睛看着。暖暖这时用她刚学会的英语说道：女士们，先生们，请把你们的目光移向烟雾的上部，在那儿，你们会看到你们心中特别想看到的东西。众游客闻言，便都抬眼看去，很快，人们就不断地或用英语或用汉语叫道：我看到了两辆奔驰轿车……我看到了一个巨大的葡萄酒窖……我看到了一座庄园……我看到了一群美女……

暖暖这时也抬眼向烟雾的顶部看去，她过去已经带游客来过多次，在那烟雾上也看见过各种各样有意思的东西，包括羊群、手扶拖拉机、摩托车和一位面目模糊的男子，这一回我会看见什么？她在心里问自己。她注目在烟雾的顶部，眼睛一眨不眨，出现了，影像渐渐清晰起来：那是正向远处走的一队前呼后拥的人，有男有女有仪仗，在队伍中间走着的那个人分明穿戴着楚国君王的服饰，像极了旷开田扮演的那个楚王赀……

人影越走越远了……

楚王赀，是你吗？是你就请走远点，走得越远越好……

越远越好……

周大新，《湖光山色》，作家出版社，2008 年 11 月。

《佛耳山歌》(节选)

梅 里

早晨，在鸟雀们的热烈呼唤声中，红日从佛耳山上露出笑脸，并像瀑布一样，哗地一下把阳光投在了对面的翠屏山上。

宋清宇把一份写好的材料叠起来，揣到上衣口袋里，然后拖着疲惫不堪的脚步，走出了大门口。他没有像往常那样，骑上摩托，风一般地驶向他的养鱼塘，而是在他家门口停了一下，然后走上了东面紧邻他家房子的长城。

长城已是残垣断壁。

长城上有两棵树，一棵是山枣树，一棵是杜梨树，不像鲁迅家后院长的那两棵都是枣树。宋清宇尽管十分倦乏，但脚步却迈得特别豪迈，眼神中仍闪烁出一种难以抑制的坚定。他用手撼一下那棵约有手臂粗细的山枣树，树枝乱舞几下，发出一串笑声，仿佛是被人胳肢了腋下。枣树长得枝繁叶茂，枝头上有一小部分还在开着花，一大部分已结出了豆大的青果。宋清宇在那棵老杜梨树旁停下，他望着西北面的翠屏山，山上披满了霞光，那光亮特别鲜艳，他仿佛有生以来第一次看见。特别是霞光里古老的长城，也被镀上了一层金色，在翠屏山上飞了起来。山坡上核桃树林里的翠屏山酒楼并没有全部被笼罩在霞光下，阳光只是照到酒楼高处的一米深处，酒楼的绝大部分仍未沐浴到阳光。翠屏山顶上的敌楼，永远是高山楼台先得日。

宋清宇心里明白，在这个季节里，太阳是从东北方向升起的，阳光一下就能亲吻到大半个翠屏山，就连翠屏山酒楼也能先得到一米阳光。如果是在冬季，太阳从东南方向升起，正对着佛耳山的最高峰，那么在这个时辰，阳光只能照到翠屏山最高处的十八楼。大自然真是神奇。

远处传来一阵船工号子。宋清宇转过身来，寻声望去，可是他什么都没有看见，长城两边的古树挡住了他的视线。但是，他心里明白得很，那是李松山他们发竹排渡游客的欢呼声。他转身向北望去，青龙河从西北的青山里蜿蜒而来，在佛耳山脚下情意缠绵地飘过，然后告别亮马山，欢呼着，歌唱着，一路西行而去。河的西岸，是一大片开阔的湿地，湿地上长满了芦苇、野草，它们随风起伏、荡漾，就像万顷波涛滚滚向前。河的东岸是壮美如画的佛耳山，大自然的鬼斧神工造就了她的高峻、奇伟与雄武。面向青龙河的一整面全部是刀削斧劈的悬崖，而悬崖上又处处长满了古老而沧桑的故事。或写实，或神话，或风或雨或闪电，或人物或走兽……总之，任何想象丰富的大师都可以在这里创造出奇妙的幻想与真实。

红日站在了佛耳山东南部的最高峰上，太阳的脸更加红润，温情也更加热烈。此时，整个的佛耳峪村，还有青龙河，以及那大片湿地，都被太阳光笼罩在她温暖的怀抱里。佛耳峪人把佛耳山的最高峰称作耳轮峰，而把她中间的一座峭壁奇峰称作耳屏山或耳豆峰。近年来，耳屏山的峭壁上住满了成千上万只仙鹤。就在宋清宇把目光转向耳屏峰的一刹那，突然，仙鹤们披着金色的霞光从悬崖上俯冲下来，在青龙河边的一块湿地上降落下来。

它们有的直接扑到水里觅食，有的却在地上奔跑起来，有的成双成对交臂亲吻，有的三五成群跳起了舞蹈，有的单身汉还跳起了快乐的独舞，还有的却是仰天唱起了歌谣，青龙河上，静谧的村庄和山谷里，到处回荡着仙鹤们美妙的歌声，整个青龙河岸俨然就是一个天然的大舞台。

宋清宇再也听不见李松山他们的号子声，他们的声音已全被仙鹤的歌声所淹没。此时，宋清宇的心情更加激动，他为自己有幸出生在这样一个山村里感到骄傲、自豪，他没有理由不爱这个村子。

宋清宇把拄在杜梨树上的右手收回来，并坚定地握了握拳头，然后转过身来，欲走下长城，去他的养鱼塘。此时，只听他家的大门嘎吱一声开了，从院子里走出了他的爹和娘。

宋清宇停下脚步，眼看着宋金喜老两口简直向西山坡走去。宋清宇知道，他们又是到白玉庵求佛去了。

亮马山顶上的烽火台巍然耸立，一缕炊烟横在半山腰间，纹丝不动，山下是陆峥嵘家的大片果园。一阵清风吹来，一股芳馨的果香扑入宋清宇的鼻子里。宋清宇有些陶醉。他张开嘴，使劲吸了一口，然后闭上双眼。等他睁开眼时，一只苍鹰从亮马山的那一边盘旋升起，它窥视着，静听着，分析着，速度很慢，就像一架侦察机，渐渐地越过围城，一步步向白玉庵这边移动。这是佛耳峪每天都上演的小戏，有时一两只，有时却是三五只，甚至是十只八只一起出现，场面十分壮观。加之地面上的青山，古老的村落，雄伟的长城，奔腾的青龙河，在如织的游客眼里这小戏简直就是一顿饕餮大餐。他们雀跃着，惊叫着，用相机啪啪地拍，据说有的作品还得了大奖。宋清宇认真地分析过，苍鹰为什么天天光顾佛耳峪，它们看中了佛耳峪什么？宋清宇最后得出的结论是，这里有青山，有绿水，有树林，因此，这里的小鸟儿多。苍鹰看上的是林子里的小鸟，它们是来觅食的。可是，年年岁岁，天天日日，鹰们是不敢俯冲下来捉小鸟的，因为林子里到处都有人，鹰们的胆量很小，警惕性却很高。但它们嘴馋得很，即使抓不到小鸟，它们也会天天来这里过过眼瘾，因此也就给佛耳峪平添了一道风景。宋清宇就曾想过，有朝一日，他要在亮马山脚下一进村的那片开阔地上建一座观鹰台，那里绝对是一块天赐的大看场。

苍鹰盘旋到白玉庵上空便停了下来，一鸟入林，百鸟压音，白玉庵四周林子里叽叽喳喳的鸟们立刻鸦雀无声，一片沉寂。忽然，苍鹰又拍动翅膀向西北的翠屏山长城飞去。宋清宇想，它肯定是受了白玉佛的指点，到遥远的地方吃斋去了。

片刻之后，一两只胆大的鸟又发出了一半句鸣叫，好像是在试探侦察，然后又停下，随后便是三五只，三五句，结果再没有苍鹰出现的影子。接着，树林里又哗地热闹起来，仿佛把个白玉庵都吵翻了似的。

这一切的景色，对于宋清宇来说已是司空见惯的事，可是今天他却看得格外专注，特别激动，于是，他走下长城，一脚踹响摩托车，一阵风似的向他的鱼塘驶去。

绕过弯细如肠的小街，穿过一片核桃树林，越过古长城的根脉，宋清宇来到了青龙河边，他看一下如织的游人和繁忙的船工，然后继续往下游疾驶，三百米后便是他的鱼塘。宋清宇第一眼看见的便是站在料台上投食喂鱼的秦勤，还有满天的鸟儿。秦勤的动作真是太优美了，就像是在水边跳着舞蹈。而那些多情的鸟儿就仿佛是在为她甘当配角做伴舞似的。宋清宇曾多次告诉她，不能这样喂鱼，太累，要坐在凳子上，把食轻轻往水里投，把食投得散开就成，一次不能投得太多。要按她这“舞蹈喂鱼法”，几天不得把人累死啊。可是秦勤不听，她说只有站着投食才有意思，站着投得远，前一把，后一把，左投一把，右投一把，让鱼们追，让鱼们抢，让鱼们在水里打仗，翻起水花，那才好看，才刺激。宋清宇用数码相机拍过几次她喂鱼的照片，有早晨的，有傍晚的，大多都是背影照或远镜头。一张早晨的背影照，阳光、树木、清泉、鸟飞、鱼跃，中间是秦勤舞动投食的背影，太美了。宋清宇给照片底下写了一个名字："养鱼姑娘的舞蹈"。宋清宇把这张照片发到了网上，大家众口一词：棒极了！还有人问这是什么地方，一些骚男还要来寻找那个姑娘，吓得宋清宇赶紧把照片删了。这是他目前拍得最成功的一张摄影作品。

宋清宇把摩托车停在看鱼房子的门前，这时便从屋里冲出三个人来，他们是宋清宇的好朋友李松山、陆峥嵘，还有宋清宇的妹妹宋清扬，接着，那个舞蹈者秦勤也像喜鹊似的飞了过来。他们围着宋清宇并没有说话，个个脸上都写满了生动与微笑，眼神里都饱含着热切的祈盼。

宋清宇笑盈盈地看着大家，他知道他们在祈盼着什么，在等待着什么，可是他就是不说。

秦勤憋不住了："昨夜扁舟雨一蓑，满江风浪夜如何？"

宋清宇听得出，秦勤在问他话，这是南宋朱熹《水口行舟》诗，他笑了笑接道："今朝试卷孤篷看，依旧青山绿树多。"

不等别人发表议论，陆峥嵘抢着说："人间四月芳菲尽，山寺桃花始盛开。长恨春归无觅处，不知转入此中来。"接着，陆峥嵘又像挨了蝎子蜇似的喊起来："清宇哥哥答应了，佛耳峪有希望了，宋清宇万岁……"突然，几个人扑上来，拉住宋清宇的胳膊腿就要往水里扔。

宋清宇立刻惊呼起来："看，看，谁来了？"其实宋清宇并没有看见有人来，他只是缓兵之计。他知道，虽是盛夏，可是这大清早的把他一下扔到水里去也不是好玩儿的。说来就是巧，正当大家回头看的时候，只见一个骑着自行车的人从核桃树林里冲了出来，直奔鱼塘而来。大家一眼就认出来了，那是原村党支部书记蒋学仁。大家扔下宋清宇，又是陆峥嵘带头呼喊起来："蒋书记万岁！蒋大爷万岁！蒋舅舅万岁……"给蒋学仁叫什么的都有，所以喊声也是百花齐放。

"喊啥喊？净整用不着的，没正经的，嘶的。"

蒋学仁急匆匆地把车放下，他不知道这帮孩子在装什么神，弄什么鬼，因此，脸色十分严肃地训他们，并用十分忧虑生气的眼神在他们脸上剜一眼。大家并不生气，仍笑盈盈地看着他。

蒋学仁走到宋清宇面前，宋清宇也笑微微地望着他生气的脸。蒋学仁转了两圈，突然立在了宋清宇面前，指着他的鼻子愤怒地说："今天你必须给我一个死话，干还是不干。这么长时间，好的坏的，前的后的，我都说过了，你也应该明白了，今天我一句多余的话都不再说。"

蒋学仁刚这么铁嘴铜牙地表完态，可一转身，他又言不由衷地说："但是我还要告诉你，一个年轻人，不爱国，不爱家，没责任心，太自私，他有多少知识，有多少钱也白搭，他没大出息，我照样看不起他。"

蒋学仁越说越愤怒，他停下来，倒背过手去。

宋清宇依然不语。

突然，蒋学仁转过身来怒吼道："宋清宇，今天咱爷们儿恩断情绝，咱了啦，往后我要是再找你我就不姓蒋，我就不学仁，我就不是人。"

蒋学仁搬起自行车要走，陆峥嵘一把拦住，扒在他耳上说："姥爷，别走，昨天夜里我们已经成功地把清宇拿下了。"

蒋学仁回头看宋清宇，此时，宋清宇已站在了他们面前，然后从怀里掏出两张叠好的纸递给蒋学仁。蒋学仁接过来，打开一看，几个年轻人也一起围上来看，只见稿纸上方端正地写着五个大字：入党申请书。

佛耳峪乱成了一团麻，大事小情没一个人管，就更甭提各项事业发展了。作为村里的一名老党员、老干部，蒋学仁上火啊，打心眼儿里着急，以至几天都拉不下屎来。他还曾在黑夜里坐到白玉庵门前的老槐下流过几回眼泪，并盘算着佛耳峪将来怎么办，谁能站出来重整旗鼓。后来，也是在那棵老槐树下，他一握拳，一跺脚，把目标锁定在了宋清宇身上。他要让宋清宇站出来，加入党组织，当书记，做佛耳峪的领头人。他认为，宋清宇年轻，有知识，有文化，而且人正品端，乐于助人，是个不可多得的人才。可是，当蒋学仁找到宋清宇说明来意后，宋清宇一口咬定，坚决不肯。宋清宇说他不是不想给大伙办事，为大伙服务，只是他还年轻，德才不够。蒋学仁一辈子就是那个脾气，决不轻言放弃。他认准了，佛耳峪的未来就非他宋清宇莫数。他像吃错了药似的，没黑没白日地找宋清宇做工作，还发动他的父母、妹妹，以及李松山、陆峥嵘、秦勤，和县文化局干部薛倾城做他的工作。更不可思议的是，蒋学仁还找到了宋清宇的前未婚妻韩香柳，拜托她帮一个忙，帮佛耳峪广大群众一个忙。让蒋学仁没想到的是，韩香柳竟然满口答应了，格外爽快。

经过一个多月的奔走，经过一个多月苦口婆心的工作，今天终于迎来了一个好日子，宋清宇答应了。

蒋学仁闭上双眼，深深地吸了一口气，又吐出来，睁开眼，他认真地看了宋清宇足足有三分钟，然后感慨地说道："小子啊，你差点儿没让大伯这口气出不上来呀。"

蒋学仁的眼睛有些湿润。

"不会吧。"宋清宇说，他没敢笑。

"小子啊，你有出息，大伯我打小就看你有出息，你还会有大出息。快两个月了，值。"蒋学仁把宋清宇的入党申请书揣到兜里，骑上他的老鹰把自行车走了。

李松山等又冲上来，欲将他们的激动与快乐进行到底，把宋清宇抛起来，扔到鱼塘里去。这时，宋清宇却一挥手制止道："你们说，老蒋头那么一把年纪了，这两个月里，他没百次地做我的工作，游说我的父母，游说你们，还有村里的老党员，他到底为什么，他图个啥？"

"那还用问，他就是想让你当村干部，收拾这个烂摊子呗。"李松山说。

"还有，他是想利用你整治郭有田、马起根这几个小寇。"陆峥嵘说。

宋清宇立刻制止，并对陆峥嵘说道："千万不要歪曲了老支书的人格。李松山也只是说对了一半。"宋清宇走出两步，发自肺腑地说："我告诉你们，这就是老支书的人格，这就是老支书的政治品格，我敢说，在让我走出来当村官这个问题上，老支书一丝一毫的私心都没有，他心里装的是佛耳峪这个村子。"

宋清宇的几句话一下子把陆峥嵘说蔫了。他们知道，那样说老支书是不公正的。其实，陆峥嵘只是嘴快，他心里对蒋学仁是一百个的尊敬。此刻，蒋学仁的形象在他们心中立刻崇高伟大起来。他们望着他骑着车的那种风火劲，一种崇敬之意油然而生。同时他们又都在想，老蒋把自行车骑得那么风，他到底干吗去了？

原来，蒋学仁没顾上吃早饭，他骑着自行车，披着霞光，简直去了乡政府，直接向乡党委孟庆吾书记做了汇报。蒋学仁对党的事业尽职尽责的崇高精神，深深地感动了八棱子乡孟书记和所有在场的乡干部。孟书记指示乡食堂给蒋学仁做了一碗面条荷包蛋，然后立即带上乡长、主管党务的副书记、组织委员、包村干部到佛耳峪去攒班子。临上车时，孟书记又把蒋学仁叫到他的车上，并让一个年轻的包村干部把老蒋的自行车骑回佛耳峪。

司机把车发动起来了，突然，孟书记又把车门打开跳了下来，并咋咋呼呼地喊叫着把乡长和其他几个人也都叫下来。孟庆吾问那个乡长，佛耳峪这个班子怎么个攒法？让宋清宇当什么？当书记？他还不是党员，当村主任？这是村民自治组织，只能选举产生，乡党委政府无权任命，怎么办？乡长和那几个乡干部都蒙住了。于是，孟书记只好让蒋学仁先回村，通知佛耳峪村全体党员，村民代表下午两点到村队部开会。

孟庆吾把人叫到办公室，研究方案，并叫来了民政所所长。组织委员说，宋清宇的人事关系不在村，也不在乡里，而是在县人事劳动和社会保障局的人事代理中心，就是发展他入党也得要通过人事劳动和社会保障局，报县直机关党委审批。孟庆吾一挥手说："那都是你们的事，他关系不在不会调来吗？我现在要的是封宋清宇什么角色，让他出来工作。"

全场哑然。

就这样，一闷就是一个多小时。最后，孟庆吾表态："乡党委政府提议，佛耳峪村增加一名村民代表，就增加宋清宇，然后宣布由宋清宇主持村委会工作。”

民政所所长说：“这样也不太符合政策规定。”

孟庆吾有些激动，一拍桌子说：“什么政策不政策的，你拿出一个符合政策的，不合政策它合情合理不？它合实际不？什么事情都要循规蹈矩就什么也办不成。眼下不是非常时期吗？走。”孟庆吾说完，又第一个上了车，这时已是十一点二十五分。

十二点过五分，孟庆吾等一班人就到了佛耳峪村。蒋学仁从自家里打来了开水，然后恭恭敬敬地站在队部门口等他们。蒋学仁问孟庆吾吃饭没有。孟庆吾说：“把你们村这事办好了再吃岂不是更香吗？”

“说得对。”蒋学仁说。

孟庆吾站在院子里，看东面的佛耳山、青龙河，南面的亮马山，北面的白玉庵，然后他又对老蒋大发感慨：“老蒋，人家说穷山恶水出刁民，佛耳峪这锦绣河山为什么也生贼寇？”

“没有啊，没有啊。”蒋学仁有点不爱听孟庆吾对佛耳峪的评价。

“没有我们今天就不用来了。”

“那是人民内部矛盾，慢慢调解。不伤大雅，不伤大雅。”蒋学仁说。

“你这老东西还是挺爱国的。”

蒋学仁哈哈大笑。

孟庆吾接着说：“不过，就你这护犊子的精神是非常难得的，放大了说，这也是爱国精神。佛耳峪老百姓拥护你，这是重要原因之一，乡里看上你，最重要的也是这一点。”

蒋学仁又哈哈大笑。其他乡干部也哈哈大笑。

午前，蒋学仁回村就到村队部打开扩音机广播了乡里的通知。他一连广播三遍，并强调宋清宇一定参加。他虽不是村干部了，可是村队部那大串钥匙他没有交，贾德正当书记一年不到，也没人跟他要过。

听说乡书记和乡长没吃饭就赶来了，所以，那些党员、村民代表也都来得很早。他们也猜透了，村里乱成这样，马上就到十月一了，乡里肯定有重大举措。

按照事先的安排，会议由乡党委副书记主持。老惯例，他先说了来由，然后由乡长宣布提名增加宋清宇为佛耳峪村村民代表的决定。会议通过举手表决方式，一致通过增补宋清宇为佛耳峪村村民代表。

蒋学仁第一个鼓掌，接着是贾德正和李松山，然后全体党员和村民代表都鼓了掌。

乡长又宣布由宋清宇代行村主任职务，主持佛耳峪村村委会全面工作。

全体与会者再次鼓掌。

接着，孟庆吾讲话。他讲世界的金融危机，中国的六十年大庆，河北的三年大变样，漆梁县的信访稳定，八棱子乡的杂果种植，一直讲到佛耳峪郭有田如何玩命上访，最后号召佛耳峪的党员和全体村民，要站得高，看得远，只有稳定才能发展自己等等，并鼓励宋清宇大胆工作，克服困难，勇往直前，乡党委政府坚决支持他。

大家又鼓掌。

主会人请宋清宇作表态发言。

宋清宇站起来，大个子忽悠一下仿佛塞满了半间房。他虽大学毕业，可是毕业时那种白皙的面色已全部褪尽，脸堂变得黑红。宋清宇没有在正式的公共场合讲过话，此时他有些腼腆。他说：“感谢乡党委政府对我的信任，感谢佛耳峪老少爷们儿对我的信任。我是土生土长的佛耳峪人，是吃佛耳峪的杂粮、野果，喝青龙河的水，走在长城上长大的，我虽然没有受过太大的苦，但我也深深地懂得咱佛耳峪人祖祖辈辈日子的艰辛。现在咱赶上了好时光，咱又有得天独厚的自然条件，咱有什么理由不过上好日子呢？因此，我有决心与佛耳峪的老少爷们儿一起打拼，走向富裕，走向阳光。只要有党委、政府的父老乡亲的支持，我们就没有战胜不了的困难。”

孟庆吾和那几个乡干部都听出来了，这小伙子不愧是大学毕业生，就是跟一般的村干部不一样，讲话不多，既实在，不吐洋词，又体现出文才，绝。因此，孟庆吾第一个站起来鼓掌，接着全屋人都站起来鼓掌。

散了会，孟庆吾高兴地向乡干部们宣布，他今晚请客，然后他又把宋清宇、蒋学仁、贾德正叫到一旁，暗暗叮嘱宋清宇，凡事多请教两位老书记，尊重他们，并指出头三脚难踢，肯定有很多困难，要有足够的心理准备。眼下头几个月就是保持稳定，不要与上访人正面冲突，等等。

酒桌上，乡民政所所长又担心地说："这事我还是捏一把汗，一旦有人举报，这种选举可是不合法的。"孟书记高兴，喝得多些，笑骂道："一旦？什么叫一旦？扯你娘的蛋，啥事儿都看皇历不行，你们这群学历高的，往后好好跟大哥学着点，那农村的事，你不生整不行。就说《村民组织自治法》老百姓懂多少？宋清宇懂多少？错了再纠吗，能咋的？"

乡长接话，指着民政所所长说："我们今天都是给你干呢，你再说一旦我就打掉你的两个蛋。今天你请客。"

乡长说完哈哈大笑，满桌人全笑。

佛耳峪村队部外，李松山、陆峥嵘、宋清扬、秦勤，还有宋清宇的父母等一大群人都在偷听消息。大热的天，窗门都开着，外面什么都听得清。中途，陆峥嵘就让宋清扬和秦勤回到自己的山寨去做酒菜，等会议一散，他们就把宋清宇请到山寨上去喝酒庆贺。

梅里，《佛耳山歌》，作家出版社，2014 年 12 月。

《大道岭》（节选）

马国华

（薛莲得癌症以后）在孟如风向她说明真相并求婚以前，她曾经小睡了片刻。等孟如风把话说完，她就笑了，说："其实，我已经知道自己的病情了。这个世界上时时刻刻都在死人，并且死因各异，我赶上了这一拨，也只好认了。说到要结婚，难道我们没有结婚吗？当心里认定了一个人，并且再没有任何私心杂念地把自己与那个人融合在一起的时候，那就已经是结婚了，我们还在乎一个仪式和一张纸吗？"

孟如风流着泪说："我这样做，只是想让你少一点遗憾。"

薛莲想了想说："你要想帮我减少一些遗憾，我倒有个想法。这两天，很奇怪的，我总在做着一个内容相同的梦，梦里有一个地方，有山，有水，有长城。我总觉得这个地方跟我有什么联系，却说不清到底是什么。我确信，这个地方我没有去过，可梦中的影像非常清晰，哪里会有什么与我有关呢？"

孟如风说："那你能不能把这个地方详细描述一下？或者，你把它画下来？"

薛莲同意画一下试试。孟如风便回去，把薛莲的画夹和铅笔拿来，薛莲就一边回忆着，一边画出了一幅画。那个画面是一片崇山峻岭，长城在其上蜿蜒，近景处，则在小山坡的缓坡地带，坐落着一个小村庄。孟如风拿到这张画后，马上复印了若干份，然后分发给他的朋友，叫他们立刻想办法查找，哪里会有这样一个与画面类似的地方。

几天后，孟如风的一群朋友都赶到医院来了，原来他们中有个人是个旅游爱好者，曾徒步游览过本地区的长城。他在看到那幅画之后，觉得眼熟，并终于想起了这个地方是在湾水县境内。为了验证，他就找了几个人又去了一次，等他们到了这个地方一看，简直惊呆了：他们眼前的景观竟然和薛莲的画面一模一样。便急忙换着角度拍了几张照片，回来快速冲印后，又叫齐了所有的人，都赶到医院来了。

等薛莲和孟如风看过了照片，毫无疑问，也惊呆了。然后所有人就都在想，这是怎么回事？薛莲曾一再表示过，她没有去过这个地方，那这样一个地方怎么会反复出现在她的梦里呢？莫非，真的有什么玄机？想不明白，他们就问薛莲，既然这个地方已经找到了，你想怎么办？薛莲说，我必须到那里去一次，并且一定要弄明白，这里到底和我有什么联系。

于是，第二天一大早，孟如风和他的朋友们就准备了车辆，载着薛莲来到了湾水县北部山区。待他们接近一个叫做大道岭的村庄时，薛莲画的那个画面已经变成真实的景观了。

他们每个人都揣着一个疑问，就这样进了山，沿着山溪走过深谷，又搀扶着薛莲登到了长城之上。薛莲坐在长城的烽火台上，四顾着周遭的景物，却已经没有了熟悉的感觉。但在她的意识深处，却又总觉得有一种召唤，让她留下来，并且有一种所获甚丰的诱惑。她就想，反正自己已经是要死的人了，死在哪里也都是在这个地球上，为什么就不能独出心裁地死在这崇山峻岭中呢？这里的每一座大山都像是一座大坟，她若死在城市里，会享受到这样的大坟吗？于是她对孟如风说："我不明白这个地方为什么会召唤我，但我知道那个梦境肯定有什么意义。一时半会儿，我还参悟不透，所以我想就住在这里，直到想明白或者死在这里，你能陪我吗？"

对于这个要求，孟如风虽然感觉很不可思议，但薛莲如今提出的任何要求，他都会答应的。薛莲又说，她不想住到山下的村子里，而是想就住在山上，她只想让孟如风一个人陪着她，直到那个还不知道详情的结束。孟如风也应允了，他和朋友们计议了一下，朋友们说，今天已经来不及了，最好还是先回到城里去，等明天去买一顶像样的帐篷，再准备好一些生活必需品，再来也不迟。还有人说，要是做常住打算的话，还得准备一台发电机，因为他们做饭要用电磁炉，手机也要经常充电，万一有个什么不测，无法联系可就糟了。而发电机每天最多运行三个小时就够了，这样加满油完全可用一个星期。等到了周末，朋友们会轮流着过来，为他们送需要的东西。如果真有事情紧急的时候，湾水县本地的朋友也会过来帮忙。

孟如风便因朋友的大义而落下了眼泪。因为要准备明天的事，他们又回到了城里。第二天，按计划备好了各种东西后，一行人便又来到了大道岭村的山上，在长城根下一个背风的地方固定好了帐篷，孟如风和薛莲开始了出世的生活。薛莲每天就那样坐到烽火台上去，望着崇山峻岭，细细寻找着大山可能发给她的声音。孟如风有时陪着她，有时候则要拿着水壶到山下的山溪中打水，沿途就采摘和捡拾一些山枣、榛子、楸子和一些叫不上名字的野果给薛莲吃。这期间，薛莲已不再服用任何药物，可奇怪的是，她的病好像并没有继续恶化，甚至孟如风渐渐地察觉到，薛莲的气色竟慢慢变好了起来。就连那些每周都来的朋友也察觉到，在薛莲身上可能真的有奇迹发生了！

这个迹象，薛莲当然也察觉到了，可她不知道这到底是什么原因。

一晃，两个人在山上已住了大半年的时间，而这个时间，正到了薛莲因病该被执行死刑的时间。可是，现在看来，这个预言明显地错了。

薛莲的体重已经明显增加了，且气色也与正常人无异。即使是经常承受着山风日晒，她的面色也没有多大变化，反倒是显得更健康。只是薛莲很疑惑，她从来也没有在大山中感应到什么，那么是什么原因让一种绝症都能消失了呢？

这天，就有朋友给孟如风打来电话说，根据天气预报，最近几天要有大雨，局部地区会有特大暴雨。为了防备万一，朋友们希望他们马上下山。孟如风和薛莲就想，正好可以利用这个时间再去医院检查一下，万一薛莲的病真的好了，他们岂不是创造了癌症史上的奇迹吗？

朋友的车来接，他们就下了山。因为还不知道结果，还有再继续住下去的可能，他们便把帐篷和一些物品留在了山上。结果到了医院一检查，连医生都不敢相信，薛莲身上的癌细胞居然真的踪迹皆无了，就好像薛莲从来也没有得过什么病一样……

马国华，《大道岭》，中国文联出版社，2014年1月。

秦时楼堞汉时营，驱马高秋抚旧城。

且勿却胡论功绩，英雄造事令人惊。

——康有为

后记

对于长城小说的研究，已经持续了将近十年时间。从最初的迷茫到后来的清晰，一篇篇一部部小说读来，感触很深。虽是研究，但并不枯燥，因为长城小说作品有的内容深刻厚重，有的语言犀利直白，有的内涵深远悠长。拨开历史与现实的帷幕，长城在小说中的影子逐渐清晰起来。

在研究之初，的确毫无头绪。经过孙志升老师、苏君礼老师等前辈的点拨、指导，我慢慢明确了对于长城小说研究的步骤。首先，尽可能全面地搜集内容涉及长城的小说。为了保证能更全面地搜集到长城小说，我曾经到国家图书馆查阅资料，收获不小。在这个工作进行的过程中，头脑中渐渐形成了对于长城小说的分类，进入第二步——分类整理、阅读，了解并概括内容，之后逐篇进行简要评价。根据内容的不同，将长城小说分为“传说重述”“历史回响”“战争风云”“乡土情怀”“人性探索”等几类，并将国外几部较为有名的长城小说作品也纳入研究范围。真正进行作品阅读时，我为小说中长城的魅力所折服。战争小说中的长城大多坚毅稳固，是民族精神的凝聚；历史小说中的长城深沉厚重，充满岁月的痕迹；乡土与人性反思小说中的长城桀骜不屈，折射当下，质疑现实；国外的长城小说象征意味最浓重，也颇具反思意识……长城小说就以如此的多样且深刻的主题、内涵及艺术手法惊艳了我们。

在阅读长城小说的同时，我也开始关注当下的长城，特别是曾经反复出现在小说中的古长城。身处秦皇岛这座城市，周边山脉上横亘着绵延的长城，何其幸运！但是，在 2015 年，在我带领学生做了一个“秦皇岛中学生长城文化普及现状研究”的调查之后，心中感到既失望又忧虑。秦皇岛各初级中学的学生对于长城的了解基本仅仅限于“天下第一关”等旅游景点，其他知识少之又少，更别说对于长城更深刻的认识了。由此，真心希望长城相关研究更多、更深入，对长城的保护更到位，长城文化普及工作更快推广……总之，希望更多的人关注长城、热爱长城、保护长城，传承长城文化，发扬长城精神！

王杰彦

2019 年 2 月